# 1 MONTH OF FREE READING

at

## www.ForgottenBooks.com

By purchasing this book you are eligible for one month membership to ForgottenBooks.com, giving you unlimited access to our entire collection of over 1,000,000 titles via our web site and mobile apps.

To claim your free month visit:
www.forgottenbooks.com/free377794

ISBN 978-0-332-53504-3
PIBN 10377794

For support please visit www.forgottenbooks.com

19

# ÉTUDES

SUR

# MONTAIGNE,

## ANALYSE DE SA PHILOSOPHIE.

[illegible]
[illegible] homme de doctrine, [illegible]
avec l'esprit plein de bonnes [illegible]
[illegible] de l'âme humaine.

Guépin
philosophe [illegible]

IMPRIMERIE CATHOLIQUE D'A. SIROU ET DESQUERS,
Rue des Noyers, 37.

# MONTAIGNE,

## ANALYSE DE SA PHILOSOPHIE,

PAR

### ÉTIENNE CATALAN.

> Nous avons entrepris ces *Études* en vue
> de populariser la philosophie de Montaigne;
> nous les mettons avec confiance sous le pa-
> tronage des érudits de bonne foi.

---

## PARIS,

MELLIER FRÈRES, LIBRAIRIE RELIGIEUSE,
PLACE SAINT-ANDRÉ-DES-ARTS, 11.

## LYON,

GUYOT PÈRE ET FILS, LIBRAIRES,
GRANDE RUE MERCIÈRE, 39.

---

1846

*Janvier 1847.*

605049

30.3.55

# INTRODUCTION.

## I

Dans la plupart des auteurs, je vois l'homme
qui écrit ; dans Montaigne l'homme qui pense.
MONTESQUIEU.

Fontenelle avait coutume de dire : « Si je tenais
« toutes les vérités dans le creux de ma main, je
« ne daignerais pas l'ouvrir pour les répandre. »
La Dixmerie, dans les notes qui se trouvent à
la suite de son *Éloge analytique et historique
de Montaigne*, dit fort judicieusement, après
avoir cité ce mot de Fontenelle : « Celui-là était,
« sans doute, un peu trop économe. » Puis, il
ajoute : « On sait bien que toute vérité risque
« d'être combattue, dans un siècle où l'on com-
« bat plutôt pour l'honneur de tel ou tel parti,
« que pour l'avantage et pour le progrès de la

1

« raison ; mais encore faut-il avoir le courage de
« se déclarer pour elle, quelques hasards qu'il y
« ait à courir sous ses drapeaux. »

Nous dirons à notre tour : Si Dieu nous avait
octroyé l'intelligence de ses œuvres les plus secrètes, nous lui aurions demandé encore le don
de quelque idiome universel, pour qu'il nous fût
possible de faire participer tous les hommes, nos
frères, à la connaissance des vérités immuables ;
de rendre toute l'espèce humaine sage à la fois et
libre, libre tout ensemble et heureuse, par cette
ineffable diffusion des clartés célestes et des
sciences divines ; en un mot, de voir tous les
peuples de la terre, unis pour jamais dans une
seule foi et dans un même culte envers un seul
et même Dieu, ne songer plus qu'à adresser en
commun à l'Éternel leur hymne incessant d'a-
mour et de gratitude, et à le remercier sans relâche d'avoir bien voulu leur concéder, outre le
bienfait inappréciable de la vie, ce souverain
avantage qu'il s'était jusqu'alors réservé comme
le plus noble de ses attributs, comme le moins
aliénable de ses privilèges ; à savoir, la plénitude
de la raison et l'affranchissement de toute espèce
de ténèbres !

Mais, vœux indiscrets et paroles sacrilèges!
N'avons-nous pas tous reçu, dans la révélation,
les seuls enseignements qui nous fussent utiles,
les seuls que Dieu ait jugé indispensable de nous
apporter lui-même, en ce qui touche les choses
du ciel? Jusque là donc qu'il plaise à Dieu d'en
ordonner autrement, contentons-nous d'écouter
la voix des sages, ces enfants privilégiés de la nature, et de nous éclairer de leurs préceptes, en
ce qui regarde les choses de la terre.

Or, si, parmi les sages de toutes les époques et
de toutes les nations, il en est un qui semble avoir
porté à leurs dernières limites l'étude et la science
les plus nécessaires à l'homme, c'est-à-dire l'é-
tude et la science de l'homme même; s'il est un
philosophe que, pour l'étendue de son intelligence, et tout en faisant ici la part des imperfections inhérentes à la nature humaine, les temps
anciens eussent tenu à honneur de compter au
nombre des demi-dieux, mais à qui les temps
modernes ne sauraient faire moins que d'accorder, d'une commune voix, le titre glorieux de
sage des sages; s'il est, en un mot, un peintre
par excellence et un historien sans rival, qui soit
jamais parvenu à nous faire saisir, comme au

doigt et à l'œil, l'homme étudié sous toutes ses
formes et représenté dans toutes ses conditions,
l'homme enfin tout entier, c'est sans contredit
Montaigne.

Voyons ce que disait à cet égard le savant
M. Biot, lorsqu'il n'était encore, dans les lettres,
qu'un des plus brillants lauréats de l'illustre compagnie, dont il était appelé à devenir bientôt, dans
les sciences, une des plus vives lumières. Le futur
académicien, auquel, dans son discours non moins
ingénieux qu'indépendant sur Montaigne, on
pourrait sans doute reprocher de se montrer plus
que sévère pour certaines qualités personnelles
du philosophe, fait d'ailleurs du moraliste pris
en général, un tableau touché de main de maître.
Qu'on en juge, voici le portrait : « Montaigne
« est réellement l'historien de l'homme, car il a
« rassemblé dans son ouvrage tous les faits qui
« pouvaient servir à donner une connaissance
« exacte et complète du cœur humain ; mais, c'est
« un historien facile et amusant, qui se joue avec
« son sujet, et vous promène, par des nuances
« insensibles, des objets les plus simples aux con-
« sidérations les plus générales, sans fatigue et
« sans effort : tellement familier avec l'être qu'il

« peint, et qui n'est autre que lui-même, qu'il
« peut à son gré le suivre ou le laisser, le quitter
« ou le reprendre, sans le perdre jamais de vue.
« Ouvrez-le où il vous plaît, vous y trouverez
« toujours à vous amuser et à vous instruire. Il
« commence partout, et ne finit nulle part. Il vous
« donnera au besoin des délassements dans l'oisi-
« veté, de la constance dans l'infortune, de la
« modération dans la prospérité. Il fortifiera en
« vous le respect des lois et l'indépendance du ca-
« ractère; il vous inspirera l'amour de la vertu,
« de l'honneur et de la véritable gloire; d'autant
« plus persuasif, qu'il montre moins l'intention
« de vous gouverner, et que la naïveté de son
« style vous ôte le sentiment de son art. Vous
« pouvez l'aborder sans crainte, il n'a rien de
« rude ni d'austère. Ce n'est point un pédant qui
« régente et qui gronde, c'est un homme du
« monde qui cause familièrement; mais sa cau-
« serie est piquante et animée; il est si fécond
« en mots heureux et hardis, en figures fortes et
« énergiques, en pensées justes et profondes,
« qu'on n'est jamais las de l'entendre, et qu'après
« l'avoir quitté, on le retrouve toujours avec un
« plaisir nouveau. Voilà ce qui fait aimer Mon-

« taigne; voilà pourquoi n'ayant eu de modèle
« dans aucune langue, il n'aura jamais d'imita-
« teurs. »

On concevra pourquoi les *Essais* ont dû soulever contre l'auteur d'un pareil livre autant de
blâmes que de louanges. On comprendra comment Montaigne, dès l'apparition de cet ouvrage,
n'a guère dû compter moins de détracteurs que
d'admirateurs. Telle est la destinée de ces rares
génies; ils éveillent d'autant plus de haines qu'ils
semblent mériter plus d'amour, et soulèvent d'autant plus de calomnies, qu'ils devraient commander plus de vénération. Dieu lui-même n'a-t-il
pas ses athées, étranges aveugles qui nient le
Créateur, et ne laissent pourtant pas d'admirer
les effets de sa puissance créatrice? Mais, les athées
de Montaigne, non contents de méconnaître le
souffle divin qui fécondait sa pensée, ne se préoc-
cupèrent de rien moins que d'en anéantir les sublimes créations.

Notre sage avait eu le désir de visiter Rome;
il fut honorablement accueilli par le Souverain
Pontife. Profitant toutefois de cette occurrence,
et se prévalant de quelques écarts d'imagination,
que tout honnête homme, bâtons-nous de le dire,

voudrait pouvoir effacer du livre des *Essais*, les ennemis de ce philosophe n'eurent point de honte d'attaquer jusqu'à son orthodoxie, et de dénoncer l'ouvrage à l'inquisition romaine! Quel fut le résultat de cette insidieuse tentative? L'examen du saint tribunal finit par devenir une approbation plutôt qu'une censure. On n'exigea de l'auteur aucun changement, aucune rétractation; et, lorsqu'il prit congé de la cour de Rome, le Pape l'exhorta, nous citons les paroles mêmes du Souverain Pontife, « à persévérer dans l'attachement « qu'il avait toujours porté à l'Église et au service « du roi très-chrétien. » Bien plus, Grégoire XIII, loin de ranger Montaigne parmi les athées, ou, pour le moins, parmi les hérétiques, voulut que la ville sainte l'admît au nombre de ses enfants; et il lui fit expédier à cet effet un diplome de citoyen romain.

Grégoire XIII pouvait-il plus ouvertement, plus formellement imposer silence aux calomniateurs du Socrate des temps chrétiens, de ce philosophe impie, de cet incrédule endurci qui commence de la sorte son chapitre *des Prières :* « Ie propose des fantasies informes et irresolues, « comme font ceulx qui publient des questions

« doubteuses à desbattre aux escholes, non pour
« establir la verité, mais pour la chercher; et les
« soubmets au iugement de ceulx à qui il touche
« de regler non seulement mes actions et mes
« escripts, mais encores mes pensees. Egualement
« m'en sera acceptable et utile la condamnation,
« comme l'approbation, tenant pour execrable
« s'il se treuve chose dicte par moy, ignoram—
« ment et inadvertamment, contre les sainetes
« prescriptions de l'Eglise catholique, apostolique
« et romaine, en laquelle ie meurs, et en laquelle
« ie suis nay : et pourtant, me remettant tous-
« iours à l'auctorité de leur censure qui peult
« tout sur moy, ie me mesle ainsi temerairement
« à toute sorte de propos, comme icy. »

Mais quoi, ni les naïfs et touchants aveux de
la foi chrétienne, qui se retrouvent à chaque pas
dans les écrits de Montaigne; ni la neutralité
significative que gardèrent les inquisiteurs romains sur les dénonciations venues de France
touchant le livre des *Essais;* ni les témoignages
d'estime et de bienveillance que le Pape ne laissa
pas d'accorder au philosophe, rien ne fut capable d'arrêter, pour longtemps du moins, ces dé-
chaînements du fanatisme, que n'auraient sans

doute pu contenir les protestations les plus énergiques de saint Pierre lui-même. N'est-ce donc
pas l'histoire de toutes les époques, que la dé-
mence de ces *ultrathées* qui se croient tenus d'être
plus chrétiens que le Pape, et plus rigoureux que
les docteurs du saint-office?

Et voyez, suivant l'opinion de certains ana-
thématiseurs, à combien peu de chose tient souvent la perte ou le salut de nos pauvres âmes
chrétiennes! Nous ne saurions trop faire connaître le sage qu'aujourd'hui même nous entendons accuser encore d'incrédulité et de pyrrho-
nisme, le sage de qui la conduite et les écrits
sont, depuis plus de vingt années de notre vie,
l'objet constant de nos plus chères études et de
nos plus douces méditations. Nous emprunterons
le récit qui va suivre à l'ouvrage de La Dixmerie.

« Montaigne négligé, mais estimé à la cour,
« jouit aussi de l'estime du parti que la cour
« avait à combattre. Disons plus, on ne pouvait
« encore apprécier Montaigne; mais on supçon-
« nait déjà une partie de ce qu'il pouvait valoir.
« En voici un exemple : je le puiserai dans une
« source qui ne semblait pas le promettre, dans
« une de ces rencontres produites par la guerre

« civile ; c'est-à-dire, dans un de ces moments où
« l'homme armé cesse d'être homme , d'être ci-
« toyen, de connaître ses concitoyens, et voudrait
« creuser lui-même le tombeau de sa patrie.

« Montaigne, paisible au milieu de tontes ces fu-
« reurs, Montaigne qui, en parlant des nouvelles
« opinions dogmatiques , disait simplement : —
« Ceci regarde ceulx qui ont à estre ; — Montaigne
« se met en route avec une suite peu nombreuse.
« Il est pris, emmené au fond d'une forêt voisine ,
« démonté, dévalisé. On brise et l'on fouille ses
« coffres ; tout ce qui lui appartient est dispersé,
« partagé entre les chefs et les soldats. On met
« bientôt en question si on lui laissera la vie.
« Tout semblait lui annoncer une mort certaine,
« une mort d'autant plus inévitable, qu'il ne
« faisait rien lui-même pour s'y soustraire. Il
« ne tut à ceux qui le menacaient ni son nom , ni
« le parti qu'il avait adopté, quoiqu'il reconnût
« bien que ce trait de franchise pouvoit devenir
« le signal de sa perte. Il en arriva autrement :
« son nom effaça le tort qu'on lui trouvait d'être
« catholique et royaliste. On substitua les ex-
« cuses, les égards aux vexations qu'il venait de
« subir. Tout lui fut restitué. Il ne dépendit même

« alors que de lui d'avoir pour escorte ceux qui
« venaient de disperser la sienne.

« Qu'on me permette ici une observation,
« poursuit La Dixmerie. Quelques dévots censeurs
« ont plus d'une fois attaqué l'orthodoxie de Mon-
« taigne. On vient toutefois de le voir se déclarer
« catholique dans une circonstance où cet aveu
« pouvait lui coûter la vie. Un peu plus de fu-
« reur, de fanatisme et d'ignorance dans les chefs
« de la troupe qui l'entourait, et voilà ce même
« homme, qu'on nous peint aujourd'hui comme
« l'ennemi de toute croyance, devenu le martyr
« de la sienne et de la nôtre. Alors aussi les
« *Essais* auraient trouvé pour commentateurs,
« glossateurs, admirateurs, ces mêmes hommes
« qui les ont déchirés par tradition. Tout ouvrage
« a deux faces comme la tête de Janus ; et qui-
« conque s'en empare, peut, à volonté, présen-
« ter l'une tandis qu'il soustrait l'autre. »

Les admirateurs de Montaigne, ajouterons-
nous à l'observation de La Dixmerie, eussent
eu à regretter, en ce fatal événement, la mort
prématurée de l'homme de génie tout ensemble
et de l'homme de bien. Quant aux détracteurs
passés, présents et futurs de ce philosophe, que

leur eût importé, en effet, sa fin déplorable, si
ce n'est que, bon nombre d'*Essais* de moins,
changeant désormais d'esprit et de langage, ils
eussent peut-être intitulé son œuvre ainsi réduite :
*Les Confessions de saint Montaigne, sage et
martyr?* Mais, pour l'espoir à venir du monde
chrétien, Dieu n'exige pas que le nom de ses élus
soit de rigueur inscrit dans la *Légende!*

Avons-nous eu raison de dire : voyez à quoi
tient souvent la perte ou le salut des âmes chrétiennes? Chacun se croit en droit d'en décider,
selon la diversité des situations, des caractères et
des personnages. C'est ainsi que, de la part de
toute secte et de toute doctrine, se distribuent les
anathèmes et les canonisations! Heureusement,
voyons-nous s'asseoir sur le trône de saint Pierre
plus d'un Grégoire XIII, tout prêt à démentir de
pareils jugements, sinon à redresser de semblables
consciences!

N'est-ce pas ici le lieu de stigmatiser les injures et les calomnies des solitaires de Port-Royal?
Ne les a-t-on pas vus s'attaquer à Montaigne
longtemps après sa mort, et lorsqu'il ne res-
tait plus de lui que ses *Essais* pour leur répondre?

Mais, disciple consciencieux de Montaigne, nous continuerons à suivre, en cette occasion, l'exemple assez commode d'ailleurs de notre maître. Toutes les fois qu'il s'agit de choses qui ont été bien faites et bien dites, c'est vanité, ou, pour le moins, duperie, que de vouloir se piquer de les mieux faire et de les mieux dire. Nous aurons, pourtant, moins de malice, ou, si on le veut, moins de courage que notre stoïque modèle; et, loin de dire avec lui, « ie veulx qu'on donne une « nazarde à Plutarque sur mon nez, et qu'on s'e- « chaulde à iniurier Seneque en moy, » nous nous contenterons seulement de dire, mais à bien plus juste titre qu'il ne le dit de lui-même, « il faut « musser ma foiblesse sous ces grands credits. » Soit donc nazardes ou injures, nous renverrons à César ce qui appartient à César, et nommerons sans scrupule toutes nos autorités.

Citons d'abord l'érudit et judicieux M. Jay, et mettons hardiment à profit les notes du discours qui lui valut la seconde palme académique, dans le concours de l'année 1812 sur l'éloge de Montaigne, dans ce concours si remarquable où, parmi tant de nobles adversaires, M. Biot lui-même n'obtenait qu'une mention d'honneur,

mais où, pour tout dire, M. Villemain méritait
et remportait le premier prix de l'éloquence.

Voici en quels termes s'exprime M. Jay : « Ce
« sont ces maximes d'une philosophie aimable et
« populaire, qui attirèrent sur Montaigne les ana-
« thèmes de Port-Royal. Les écrivains de cette école
« étaient des hommes de génie ; mais il est plus
« facile d'admirer leurs talents que d'aimer leur
« caractère. Ils ne voyaient partout que des en-
« nemis de Dieu et de Port-Royal. Épris d'une
« perfection imaginaire, ils ne savaient pas que
« l'excès de la vertu même est condamnable,
« parce qu'elle cesse alors d'être utile, qu'elle ne
« peut exister sans tolérance. Ils voulaient do-
« miner sur les croyances comme ils dominaient
« sur les esprits. La philosophie de Montaigne
« était à leurs yeux un crime irrémissible, et ils
« le condamnaient comme ils auraient condamné
« Socrate, Caton et Marc-Aurèle, tous hommes
« vertueux, mais d'une vertu mondaine et ré-
« prouvée.

« Mallebranche accuse Montaigne d'effronterie,
« d'ignorance et de vanité. Pascal s'écrie : — Le
« sot projet que Montaigne a eu de se peindre ! —
« C'est avec cette urbanité que les écrivains de

« Port-Royal parlaient des hommes qu'ils n'ai-
« maient pas.

« Ces mêmes hommes, qui traitaient avec si
« peu de ménagement l'auteur des *Essais*, ne
« dédaignaient pas d'emprunter ses pensées, sou-
« vent même ses expressions, et le regardaient
« sans doute comme un ennemi vaincu, dont il
« est permis de s'approprier les dépouilles. Tout
« cela n'empêche pas que les solitaires de Port-
« Royal n'aient été des hommes supérieurs. Per-
« sonne plus que moi n'admire leurs travaux;
« et je les regarde comme les fondateurs de la
« saine littérature en France.

« C'est, néanmoins, une chose assez curieuse,
« que de voir de quelle manière Mallebranche
« parle du pédantisme de Montaigne, et quel
« formidable appareil de raisonnement il em-
« ploie pour établir cette opinion. N'est-il point
« pénible de penser qu'un homme tel que Malle-
« branche descende à des injures? Mais il semble
« que ce soit-là un privilège exclusif des sa-
« vants. »

Quant à M. Biot, il se contente de rappeler,
par ce simple trait, les invectives du bon soli-
taire : « Mallebranche, après une discussion mé-

thodique, déclare « que Montaigne a de l'esprit, « mais point de jugement. »

Écoutons ensuite M. Villemain, lorsqu'en pré-présence des imputations pour le moins témé-raires de Pascal, les paroles de l'homme de cœur viennent à revêtir corps et vie, pour lutter avec tout avantage, force est bien de le reconnaître, contre les fougueuses hyperboles de l'un des plus altiers, et, peut-être même, des plus envieux agresseurs de Montaigne.

Cette dernière opinion, quoique nous prenions soin de ne l'émettre, en ce lieu, que sous la forme du doute, ne manquera pourtant pas de nous at-tirer les saintes et pâles colères des apologistes émé-rites du divin Pascal. Commençons donc par flé-chir humblement les genoux, afin de rendre nous-même une bonne fois hommage à ce haut et puis-sant génie. Mais, patience, nous ne nous ferons pas faute d'appeler tout à l'heure à notre aide une de ces maîtresses autorités, dont le té-moignage, qu'on y prenne garde, finit presque toujours par dissiper bien des illusions, et par convaincre bien des incrédules. Et que de pieuses malédictions, bon Dieu! s'il s'agissait d'un fait qui dût infailliblement ternir, aux yeux de tout honnête homme, l'auréole séculaire de l'auteur des *Pensées morales et religieuses?*

Nous donnerons, avant tout, en son entier, le beau passage de M. Villemain. Indépendamment du motif qui nous engage à nous parer de ce brillant emprunt, nous ne saurions offrir une plus juste appréciation de la manière dont Montaigne procédait, en écrivant son admirable ouvrage.

« Montaigne qui, dans la discussion, dit « M. Villemain, cite toutes les autorités, écoute « tous les partis, accueille toutes les opinions, « lorsqu'il vient à décider, ne consulte que lui « seul, et donne son avis, non—*comme bon, mais* « *comme sien.* —Une telle marche est longue, « mais elle est agréable, elle est instructive, elle « apprend à douter; et ce commencement de la « sagesse, en est quelquefois le dernier terme. « Peut-être aussi, cette manière de composer « convenait mieux au caractère de Montaigne, « ennemi de tout travail et d'une application « soutenue. Il parle beaucoup de morale, de po- « litique, de littérature; il agite à la fois mille « questions; mais il ne propose jamais un sys- « tème. Sa réserve tient à sa paresse autant qu'à « son jugement. Il lui en coûterait de poser des

« principes, de tirer des conséquences, et d'établir,
« à force de raisonnements, la vérité, ou ce qu'on
« prend pour elle. Cette entreprise lui paraîtrait
« trop laborieuse, et la justesse de son esprit l'a-
« vertit que souvent elle ne serait pas moins inutile
« que téméraire. Il aime mieux se borner à ce
« qu'il voit au moment où il parle, et semble
« vouloir n'affirmer qu'une chose à la fois. Ce
« n'est pas le moyen de faire secte ; aussi, jamais
« philosophe n'en fut plus éloigné que Montaigne.
« Il dit trop naïvement et le pour et le contre.
« Au moment où vous croyez tenir sa pensée,
« vous êtes déconcerté par un changement sou-
« dain, qu'au reste il ne prévoyait pas lui-même
« plus que vous. Une pareille incertitude, qui
« prouve plus de franchise que de faiblesse, n'au-
« rait pas dû, ce me semble, exciter la sévère
« indignation de Pascal. Cet inexorable moraliste,
« si grand par son génie encore au-dessus de ses
« ouvrages, ne craint pas d'affirmer que Mon-
« taigne — *met toutes choses dans un doute si*
« *universel et si général, que l'homme, dou-*
« *tant même s'il doute, son incertitude roule*
« *sur elle-même dans un cercle perpétuel et*
« *sans repos.* —

« Pascal n'abuse-t-il pas ici de la puissance
« de son imagination, pour imposer à notre fai-
« blesse par l'énergie de la parole? Quel est ce
« fantôme d'incrédulité qu'il prend plaisir à éle-
« ver lui-même pour l'écraser aisément sous le
« poids de son invincible éloquence? Où peut-il
« donc trouver dans les aveux d'un philosophe
« si ingénieux et si modeste, cet incorrigible
« pyrrhonien, poursuivi par le doute jusque dans
« son doute même, et changeant de folie, sans pou-
« voir en guérir? Montaigne n'a jamais douté ni
« de Dieu, ni de la vertu. L'apologie de Ray-
« mond de Sébonde renferme la plus éloquente
« profession de foi sur l'existence de la Divinité;
« et les orateurs sacrés n'ont jamais peint avec
« plus de force les tourments du vice, et la joie
« de la bonne conscience. Du reste, Montaigne
« trouve dans la nature de l'homme de terribles
« difficultés, et d'inconcevables mystères; il re-
« garde en pitié les erreurs de notre raison, la
« faiblesse et l'incertitude de notre entendement,
« il affecte un moment de nous ravaler jusqu'aux
« bêtes; et Pascal l'approuve alors. Ce sublime
« contempteur des misères de l'homme, triom-
« phe de voir — *la superbe raison froissée*

« *par ses propres armes. Il aimerait*, dit-il,
« *de tout son cœur le ministre d'une si grande*
« *vengeance.* — Pourquoi donc, ô Pascal, dé-
« fendiez-vous tout à l'heure à un sage de se dé-
« fier de cette raison que vous-même reconnais-
« sez si faible et si trompeuse? Voulez-vous main-
« tenant le conduire par l'impuissance de penser
« à la nécessité de croire, et vous semble-t-il
« qu'il soit besoin de lui arracher le flambeau de
« de la raison pour le précipiter dans la foi ? »

Consultons à son tour La Dixmerie : « Je lais-
« serai, dit-il, à l'écart les détracteurs vulgaires
« de Montaigne; mais, pourquoi faut-il compter
« au nombre de ses ennemis ces fameux solitaires
« de Port-Royal, ces hommes qui joignaient à
« la pratique des plus austères vertus, les con-
« naissances les plus variées, les plus profondes;
« qui traçaient des leçons à l'écrivain et à l'ora-
« teur naissant; qui les appréciaient dans leur
« maturité; enfin, qui jugeaient, à la fois, la mo-
« rale et la poésie, le dogme et le goût, Calvin et
« Racine? Ah! sans doute, ils sentaient bien au
« fond le mérite de Montaigne; mais on a souvent
« observé que leur zèle tenait trop de l'aigreur;
« qu'ils raisonnaient moins pour élever que pour

« abattre; qu'ils combattaient moins leurs adver-
« saires pour les instruire que pour les terrasser.

« Pascal, cet athlète si redoutable dans l'arène
« de la plaisanterie, mais qui ne serait pas aujour-
« d'hui cité comme un modèle dans sa manière d'é-
« crire, s'il n'eût beaucoup étudié et quelquefois
« imité celle de Montaigne; Pascal, qui prodigue
« plutôt les traits que les raisonnements, et qui
« manie avec tant d'adresse l'arme du ridicule;
« Pascal n'osa l'essayer contre Montaigne, qui n'a-
« vait pourtant plus que son ouvrage pour se dé-
« fendre. Il redouta plus Montaigne, mort depuis
« quarante ans, qu'une société qui, dès sa nais-
« sance, menaçait de tout accabler. Ses *Lettres*
« *provinciales* respirent le sel attique : ce qu'il
« dit de Montaigne n'annonce qu'une humeur aussi
« chagrine qu'impuissante. Ce sont les traits
« d'Hector, qui viennent mourir sur la cuirasse
« d'Achille. »

Songeons, enfin, à secouer l'anathème qui,
depuis un moment, pèse de tout son poids sur
notre tête. N'entendez-vous pas nos Port-Roya-
listes s'écrier d'une commune voix : Cet homme
a profané la mémoire de Pascal; damnation!
damnation!

Hé, messieurs, ne saurait-on mettre en lumière de certaines vérités, qui, d'ailleurs, ne vous sont probablement guère inconnues à vous-mêmes, sans qu'on risque de passer à vos yeux pour quelque indigne blasphémateur? Il nous faudra donc, nous l'avions déjà prévu, faire intervenir, en cette cause, un nom plus accrédité que le nôtre; car, il s'agit ici d'une question brûlante, dont il vous semblerait peut-être facile d'avoir bon marché avec nous, si elle n'était irrévocablement décidée d'avance par un juge trop compétent en une pareille matière, pour que nul d'entre vous s'avisât de décliner sa *suffisance* et sa loyauté. Nous voulons parler d'un écrivain non moins regrettable par sa probité que par son érudition, et chacun s'empressera, vous exceptés sans doute, de reconnaître tout d'abord à ces traits Charles Nodier!

Si la nature ne nous a pas donné, comme à cet habile écrivain, l'art précieux de bien dire toutes choses, elle ne nous a du moins refusé, félicitons-nous de notre partage, ni la même bonne foi dont elle avait pourvu ce galant homme, ni le même amour du bien, ni le même mépris du mal, ni le même culte, enfin, pour tout ce qui s'appelle à juste droit le génie. Quelque retenue, pourtant, que les titres scientifiques ou littéraires de Pascal puissent imposer à notre vénération, serait-ce une raison de ne point user des recherches de Nodier, non plus que de nos propres découvertes, pour protester, au nom de la morale humaine, contre les prodigieux larcins dont Pascal n'a point rougi de se rendre coupable à l'égard de Montaigne? Et ne devons-nous pas, en outre, au nom de la morale divine dont Pascal se glorifiait de si bien comprendre le langage, reprocher à ce saint homme son acrimonie envers le philosophe qu'il ne semble avoir tant calomnié, après l'avoir si audacieusement dévalisé, que par l'espoir de le faire mettre au ban de l'animadversion publique, et de s'approprier de la sorte, avec ses riches dépouilles, une partie notable de sa gloire ?

Remercions toutefois Pascal de ce plagiat trop manifeste, dans lequel nous ne saurions nous empêcher de voir la plus haute marque d'estime et d'admiration, qu'il lui fût possible d'accorder lui-même au sage dont il se promettait pourtant de décréditer la mémoire. Mais, n'en regrettons pas moins qu'un pareil génie ait en quelque sorte pris à tâche de flétrir, par l'envie et par le mensonge, sa belle couronne d'immortalité!

Pensera-t-on que nous nous soyons par trop appesanti sur les larcins et sur les calomnies, qu'on est en droit de reprocher à l'auteur des *Pensées morales et religieuses ?* Voici venir Nodier, ce digne émule de *Jean Delaunoy, le grand dénicheur de saints, l'intrépide explorateur de toutes légendes,* si redoutable à messieurs les desservants des paroisses de Paris, que le bon curé de Saint-Roch ne manquait pas, quand il le rencontrait, de lui faire ses plus profondes politesses, de peur qu'il ne dénichât son saint Roch, comme il avait déniché tant d'autres saints.

L'ange révélateur va parler : Incrédules, faites silence ! Puis, nous vous mettrons au défi de démentir ce ministre ingénu de la vérité.

« Il n'est certainement pas, dit Nodier dans ses
« *Questions de littérature légale,* il n'est certai-
« nement pas d'écrivain à qui on ait ravi de plus
« précieux lambeaux que ce même Montaigne,
« qui s'est du moins vêtu de ceux des autres d'une
« manière ostensible et publique. Charron ne fait
« pas difficulté, comme on le verra dans les preu-
« ves que je joins à ces recherches plus curieuses
« qu'importantes, de copier textuellement ses
« passages les plus magnifiques, et à l'aventure

« ceux que Montaigne copie de Sénèque ou de
« de tel autre, liberté qui me semble tant soit peu
« hasardée dans ce sage théologal de Bordeaux,
« d'ailleurs si hardiment sincère. Lamothe-le-
« Vayer, La Bruyère, Saint-Évremont, Fonte-
« nelle, Bayle et Voltaire ne sont guère plus déli-
« cats, et aucun d'eux pourtant n'approche de
« Pascal dans l'audace de ce larcin. Je n'en ai
« recueilli, dans les pièces vers lesquelles je ren--
« voie, que sept à huit exemples, presque tous
« pris d'un même chapitre; mais quiconque lira
« les *Essais* et les *Pensées* avec une attention
« scrupuleuse, en trouvera une foule que je n'ai
« eu ni le loisir ni la faculté de rassembler. Il
« serait naturel de conjecturer d'abord à qui vé-
« nère comme moi la réputation de Pascal, et ne
« peut cependant fermer les yeux sur cette sin-
« gulière quantité de traits ingénieux, touchants
« ou sublimes, qu'il n'a fait qu'extraire des phi-
« losophes ou des Pères de l'Église, de Montai-
« gne ou de Charron, et dont presque tout le
« livre des *Pensées* se compose; il serait, dis-je,
« naturel de conjecturer que ce livre ne fut réel-
« lement qu'un recueil de notes informes, dont les
« unes devaient être employées comme autorité,

« et dont les autres devaient subir une réfutation
« complète. On est même d'autant plus porté à le
« croire, au premier aspect, que l'histoire biblio-
« graphique ne nous donne guère ce livre pour
« autre chose, puisqu'elle constate qu'il fut formé
« de papiers rapportés, et sans autre ordre que celui
« qu'il plut aux éditeurs d'y introduire. Les rai-
« sonnements presque invincibles que Pascal y
« fait valoir pour l'incrédulité en seraient un au-
« tre témoignage auquel je ne pourrais me refuser
« d'accorder un plein crédit, si je ne voyais que
« les premiers écrivains de la nation se sont réu-
« nis, depuis le temps de Pascal jusqu'au nôtre,
« à considérer les *Pensées* comme le principal
« titre de sa gloire. En effet, si vous ôtez à Pascal
« les remarques admirables et profondes dont ce
« livre est formé, il lui restera encore la réputa-
« tion d'un des plus savants géomètres de son siè-
« cle ; celle du dialectitien le plus habile, du rai-
« sonneur le plus ingénieusement plaisant, le plus
« brillant et le plus pur qui eût paru en France
« jusqu'à lui ; mais, je chercherai inutilement
« dans ce qui lui restera de son ouvrage pos-
« thume, ce prodigieux génie qui devait jeter
« tant de lumières sur la religion, que si Dieu l'a

« retiré du monde, à en croire un célèbre auteur
« de notre temps, c'était afin que tous les mystères
« n'en fussent pas éclaircis. Parmi les *Pensées*,
« il y en a bien quelques-unes qui appartiennent
« en propre à Pascal, et on les reconnaît à je ne
« sais quel tour d'une mélancolie, non pas philo-
« sophique ni chrétienne, mais superstitieuse,
« morose et comme illuminée, qui trahit l'état où
« le plongeait sa maladie. L'allure de cette tris-
« tesse rêveuse et désespérée n'a rien de bien dif-
« ficile à saisir, et je lis des écrivains à la mode
« qui n'y réussissent pas moins bien que Pascal;
« mais ces élans d'une âme forte, ces traits grands
« et inattendus dont on a dit qu'*ils tenaient plus*
« *du Dieu que de l'homme*, il faut convenir que
« c'est Timée de Locres, saint Augustin, Char-
« ron, et spécialement Montaigne, qui les ont
« fournis. Conclura-t-on de là que certains en-
« thousiastes n'ont pas lu Montaigne, ou qu'ils
« se font un plaisir de sacrifier la gloire d'un
« sceptique à celle d'un janséniste?

« Toutes réflexions faites, je me crois obligé
« de reconnaître que le plagiat de Pascal est le
« plus évident peut-être et le plus *manifestement*
« *intentionnnel* dont les fastes de la littérature

« offfrent l'exemple. D'abord c'est un livre de
« *Pensées* jetées au hasard, comme le dit Pascal
« lui-même, et sans aucune espèce d'ordre ; de
« manière que le mérite de l'ordre et de la con-
« ception en étant soustrait, on n'y peut cher-
« cher que l'essence de chaque pensée prise en
« particulier, et le tour qui la fait valoir. Chaque
« pensée qui se retrouve ailleurs dans l'essence et
« dans le tour est donc un plagiat très-condam-
« nable. Secondement, je le trouve aggravé par
« la précaution que prend l'écrivain d'y modifier
« quelque chose, soit dans l'antiquité de l'ex-
« pression, soit dans sa hardiesse, soit dans le
« rapport des membres de la phrase entre eux,
« un peu moins, ce me semble, pour rendre l'idée
« plus claire et plus propre à son sujet que pour
« l'approprier à son style, et l'encadrer sans dis-
« parate dans la contexture de ses écrits.

« Enfin, après avoir fait ces observations dans
« le détail, ne se tronve-t-on pas aigri du ton
« tranchant et superbement dédaigneux dont Pas-
« cal se sert à l'égard de Montaigne ; comme si,
« non content de s'enrichir de ses écrits, il voulait
« les perdre de considération dans l'estime des
« hommes, pour hériter seul de leur gloire ?

« Je le répète : Pascal a plus qu'il ne faut de sa
« réputation littéraire pour balancer toutes les
« réputations anciennes et modernes; mais la rai-
« son voudrait peut-être qu'on s'en tînt là, et
« qu'on ne s'obstinât pas à le compter parmi les
« plus solides appuis de la religion et de la mo-
« rale, à moins qu'on n'y comprît aussi Aphtone,
« Publius Syrus, Érasme, et tel autre compilateur
« d'apophthegmes qui n'ont été que les rapsodes
« de la philosophie et de la sagesse antiques. »

Admirateurs quand même de Pascal, vous
tous, incrédules par tradition ou de parti pris,
tenterez-vous bien encore de répondre? Voyons,
pour peu qu'il vous reste de pudeur au fond de
l'âme, que deviendra cet enthousiasme réel ou si-
mulé, alors qu'il ne vous est plus permis de vous
cacher à vous-mêmes les tristes plaies de votre
idole? Il n'est donc que trop vrai, Pascal ne se con-
tentait pas d'exploiter à son seul et unique profit
les conceptions du *sot*, du *pédant*, du *vaniteux*,
de l'*effronté*, de l'*hérétique Montaigne*,—nous
ne faisons que résumer ici les jugements des bons
solitaires de Port-Royal ;—tout penseur, disons-
nous, tout philosophe, tout écrivain profond, soit
profane ou sacré, devait payer tribut au plagiat

*manifestement intentionnel* du saint manipula-
teur des *Pensées morales et religieuses.*

N'oublions pas, au surplus, de signaler un fait,
qui va mettre dans tout son jour la louable candeur de notre véridique Nodier.

Dans les notes où il place en regard les passages
des écrivains originaux et ceux des écrivains plagiaires, Nodier, entre autres appropriations in-
dûment légitimées par la plupart des lecteurs lettrés ou illettrés de Pascal, cite la reprodution,—
donnée par celui-ci comme un trait qu'il semblerait devoir à son propre génie, — de cette grande
pensée que nombre d'érudits ont depuis longtemps restituée à Timée de Locres, et qu'on retrouve, ajoutent-ils, dans les œuvres de Platon :
« Dieu (La nature, dit Pascal) est un cercle im-
« mense (une sphère infinie, dit encore Pascal)
« dont le centre est partout, et (Pascal supprime
« la conjonction) la circonférence nulle part. »

Puis, ensuite, l'auteur des *Questions de litté-*
*rature légale* se prend à faire ce loyal aveu :
« Je dois convenir que je ne donne cette pensée à
« Timée de Locres que sur la foi des auteurs nom-
« breux qui l'ont citée. Je ne l'ai pas trouvée dans
« le texte. »

Toute âme droite applaudira sans doute à cet acte de sincérité. Mais, Nodier avait-il bien réfléchi au résultat probable de certaines concessions faites à de certains adversaires? Il y a des hommes d'une volonté si tenace, qu'ils consentiraient à perdre les cinq sens de nature, plutôt que d'en utiliser aucun, pour percevoir toutes vérités contraires à l'opinion qu'ils ont une fois ou conçue ou reçue, tant sur les choses que sur les personnes. Quel espoir donc que l'écrivain le plus consciencieux ne se fasse une étrange illusion, alors que, se proposant de découvrir à de tels hommes de telles vérités, il y emploie les pâles lueurs du doute aussi-bien que les vives clartés de la certitude, et qu'il semble tenir toute espèce de lumière efficace pour tirer ces esprits opiniâtres de leur aveuglement volontaire?

Qu'est-ce, en effet, que l'affirmation de ces nombreux auteurs, dont Nodier n'a pu, confesse-t-il, parvenir à vérifier l'unanime témoignage? Ne devait-il pas craindre qu'on ne cherchât du moins à se prévaloir de ce naïf aveu, pour attaquer du même coup toutes les accusations de plagiat qu'il avait eu le courage de porter contre Pascal?

A supposer, pourtant, qu'on voulût prendre au sérieux un pareil chef d'argumentation, qui sait s'il ne nous resterait pas quelque moyen de venir en aide à l'honorable mais imprudente franchise de Nodier?

Quant aux larcins faits à Montaigne, nous ne concevrions pas que nul osât les dénier. Ils sont accompagnés de preuves matérielles, que tout lecteur, pour peu qu'il se montre attentif, retrouvera sans trop de peine en maint chapitre des *Essais.* Nous pouvons d'ailleurs affirmer que quiconque aura lu à fond ce dernier ouvrage, sera forcé de reconnaître que Pascal n'a point fait conscience d'y puiser les trois quarts et plus de ses *Pensées morales.*

Mais, arrivons à cette merveilleuse pensée, dont tant de gens se sont plu à dire qu'elle était tombée dé la main de Dieu sous la plume de Pascal. Peu importera, ce nous semble, que celui-ci l'ait prise soit dans Timée ou dans Platon, si nous nous faisons fort de démontrer qu'elle avait été reproduite trente-sept ans avant la naissance du Port-Royaliste, et quatre-vingt-dix-sept ans avant la publication des *Pensées morales et religieuses.*

Singulière découverte, dont nous faisons hommage à la mémoire du bon Nodier, et que nous sommes heureux de pouvoir opposer aux récriminations de ses antagonistes, qui ne manqueront sans doute pas de devenir aussi les nôtres !

Il nous faudra citer, Dieu nous le pardonne, un des imitateurs du facécieux Rabelais. Nous ne nous occupons guère de savoir comment l'influence des œuvres du maître, tout bizarre que fût son génie, porta quelquefois bonheur aux productions de ses disciples ; mais, nous devons en convenir, *ces tristes faiseurs de contes drôlatiques*, ainsi que les appelle assez plaisamment certain vieil auteur atrabilaire, n'en avaient pas moins le don d'imaginer ou de reproduire, de temps à autre, des pensées de la plus saine morale et de la plus haute philosophie.

Ouvrez les *Contes et discours d'Eutrapel*, *reveus et augmentez par le feu seigneur de La Herissaye, gentil-homme Breton, à Rennes, pour Noël Glamet, de Quimpercorentin,* 1586 ; vous trouverez à la page 202. a. de ce livre, le passage suivant : « ... Ce qui est neantmoins très-« faux et contre l'ordre establi en ceste — nature, « — qui est — Dieu — (on voit que Pascal avait le

« choix) : lequel n'est iamais contraire à soy,
« *et cuius centrum est ubiq, circumferentia*
« *verò nusquam.* »

Nous sommes surpris que ce passage ait pu
échapper à la vaste érudition de Nodier. Il est,
au reste, assez probable que si Pascal ne tient ni
de Timée, ni de Platon, la sublime pensée qu'on
prétendait lui être venue du ciel en ligne directe,
il l'aura tout simplement puisée dans les *Contes
et discours d'Eutrapel*, où elle n'était cachée
ni perdue pour personne, non plus que pour
lui-même.

Et veut-on savoir ce que nous répondit un
jour, touchant cette conjecture, quelqu'un de
ces idolâtres auxquels leur opiniâtreté tient le
plus ordinairement lieu d'enthousiasme? Voici
cette curieuse repartie : « Hé bien donc, si Pas-
« cal n'a pas trouvé cette pensée, toujours est-il
« qu'il l'a retrouvée! » Admirable dialectique!
Vraiment, n'aurions-nous pas, au compte de
ces rares intelligences, toute raison d'égaler
notre gloire à la gloire même de Dieu? Si nous
ne pouvons lui refuser le mérite d'avoir inventé
le soleil, la lune et les étoiles, toujours est-il
que nous avons celui de retrouver, chaque matin

et chaque soir, tous ces astres au firmament! O
béni soit l'esprit de secte, puisque c'est-là sans
doute un de ses nobles privilèges, que ceux qu'il
ne peut faire cruels, il doive au moins les rendre
absurdes!

Revenons au livre des *Essais*. Il fallait, à vrai
dire, que cette œuvre fût bien robuste et bien
vivace, pour grandir et pour se fortifier en dépit
des attaques incessantes des Mallebranche, des
Nicole, des Pascal, et de tant d'autres hommes
éminents, dont on ne saurait se défendre d'honorer le génie, tout en se réservant le droit de
plaindre leur faiblesse. Après avoir traversé vic-
torieusement les épreuves les plus envenimées de
la haine et de l'envie, l'ouvrage de Montaigne est
enfin devenu, sous le contrôle éclairé du temps,
le livre unique de la philosophie morale par sa
piquante et perpétuelle originalité, le code in-
comparable de la sagesse humaine par sa constante et universelle profondeur.

La postérité devait faire justice des honteuses
imputations accumulées contre ce philosophe par
ses détracteurs de tout ordre et de tout étage. Si
quelque fanatique, en ce siècle de lumière et de
conscience, ose encore attaquer l'homme et l'é-

crivain chez Montaigne, l'un et l'autre occupent un rang trop élevé dans l'estime publique, pour que la calomnie puisse désormais espérer de les y atteindre.

« La meilleure réponse à faire aux détracteurs « de Montaigne, dit La Dixmerie, c'est de rap-« peler naïvement ce que fut Montaigne. C'est de « dire à ceux qui attaquent sans ménagement ses « écrits : lisez ses écrits; c'est de dire à ceux qui « attaquent sa conduite : lisez l'histoire. »

Or, nous ne croyons pas que Montaigne ait jamais été, sous le double rapport de sa conduite et de ses écrits, mieux apprécié que dans ce peu de mots empruntés à l'ouvrage de M. Jay : « Nul « n'a rendu de plus éminents services à la raison « humaine; envisagé comme moraliste, il a fondé « la vraie philosophie en France; considéré « comme écrivain, il a contribué aux progrès « de la langue; ami de l'ordre et des lois, il fut « sage sans affecter la sagesse, et passa au travers « d'une génération barbare et fanatique, sans « participer à ses excès et à ses corruptions. En-« fin, après avoir élevé un monument utile aux « hommes et glorieux pour sa mémoire, il vit « arriver la mort avec la tranquillité d'un philo-

« sophe qui, pendant toute sa vie, avait appris à
« mourir. Fidèle à ses principes, il finit comme So-
« crate, — en se conformant aux façons et formes
« reçues autour de lui, — et sa dernière pensée fut
« un dernier hommage à la religion de ses pères. »

Montaigne, en effet, couronna sa noble et
utile vie par une mort des plus exemplaires et
des plus édifiantes. Cette mort fut la suite d'une
esquinancie, qui lui ravit tout d'abord l'usage de
la parole. Comme il conservait, néanmoins, la liberté de son esprit et la plénitude de son jugement, il ne cessa, durant trois jours, de s'entretenir par écrit avec sa femme. Puis, lorsqu'il
sentit que le terme fatal approchait, il pria celle-
ci de le faire aussitôt savoir à quelques gentils-
hommes du voisinage, afin qu'ils voulussent bien
venir, en toute hâte, assister à ses derniers moments. A peine ils étaient arrivés, qu'il fit dire
la messe dans sa chambre; car, il se trouvait alors
en un tel état, qu'il ne put suivre l'office que
piteusement étendu dans son lit. Mais, à l'instant
suprême de l'élévation, il fut tout à coup pris
d'une faiblesse, et rendit son âme à Dieu, en s'ef-.
forçant à se mettre sur son séant, pour adorer la
sainte hostie!

Voilà quelle fut, en sa plus simple expression,
la fin de *cet incorrigible sceptique, poursuivi
par le doute jusque dans son doute même !*
Aurait-il eu besoin, le pensera-t-on, pour se
maintenir dans la foi qu'il conserva, tout le temps
qu'il vécut, ferme et inébranlable au fond de son
âme, aurait-il eu besoin, comme l'illuminé Pascal, de porter sans cesse avec lui, cousu de ses
propres mains entre l'étoffe et la doublure de
sa veste, quelque amulette remémoratif de ses
saintes croyances? Non, la foi de ce prétendu
pyrrhonien était plus saine et plus robuste : ah !
cette foi si pure et si naïve, si calme et si constante, cette foi sans trouble et sans préjugés,
sans aigreur et sans ostentation, doit nous faire
désirer, à nous tous qui avons le bonheur d'être
chrétiens, de douter comme on vient de voir que
doutait l'incrédule Montaigne, afin d'être préser-
vés de croire comme on sait trop aujourd'hui
que croyait le visionnaire, l'infortuné Pascal !

Triste réflexion, que nous suggère le souvenir
des anathèmes fulminés par les écrivains de Port-
Royal : Mallebranche, Nicole, Pascal, et tous les
détracteurs quelconques de Montaigne, enfants
ou non d'une même secte, disciples ou non d'une

même école, n'auraient-ils point envié, parmi tant d'autres qualités éminentes qu'on ne saurait assez vénérer en notre philosophe, et la rare simplicité de son zèle, et la mâle vigueur de ses croyances?

Mais, le moment est venu pour nous d'exposer les motifs qui nous ont fait entreprendre ce livre. Notre tâche sera plus douce désormais; nous n'aurons plus à nous occuper que des admirateurs consciencieux de Montaigne. Si nous différons avec quelques-uns d'entre eux sur les moyens qu'ils employèrent pour parvenir à populariser sa morale; si nous avons cru devoir nous écarter entièrement, à cet égard, de la route que chacun de ceux-ci avait jugé à propos de suivre, nous ne désespérons pas, d'ailleurs, en considérant l'accord de tous sur les difficultés que rencontrent les érudits mêmes à la lecture des *Essais*, nous ne désespérons pas, disons-nous, de faire jaillir de cette conformité unanime d'opinions, sinon l'apologie, du moins la justification la plus complète de notre propre ouvrage.

# II

Ces chapitres qu'il écrit à la hâte, quand une
idée nouvelle vient le frapper, sont ordinairement, malgre la liberté du style et les citations,
des traités complets de morale et de philoso-
Phie ; et ces traités sont des chefs-d'œuvre.

J.-V. Le Clerc, *Éloge de Montaigne.*

Lorsqu'on voit les appréciateurs désintéressés
de Montaigne, se réunir pour le considérer comme
le penseur le plus hardi et le plus original des
temps anciens et des temps modernes, comme
le moraliste le plus ingénieux et le plus profond . qui ait jamais été et qui puisse jamais
être, comme l'historien le plus vrai et le
peintre le plus habile de l'homme physique, moral et intellectuel, comme l'écrivain où l'on a
déjà le plus largement puisé, et où, néanmois, il
reste à puiser le plus abondamment encore, lorsqu'on voit, en un mot, les panégyristes consciencieux de notre philosophe, s'accorder pour lui
offrir à si bon droit cette suprême ovation, et
pour le placer à si juste titre sur ce majestueux

piédestal : comment ne serait-on pas tenté de se demander par quelle étrange anomalie il se peut faire que La Rochefoucauld, qui, par ses pensées où au rare mérite de la justesse il joint le mérite plus rare peut-être de la précision, passe communément pour l'inventeur d'un style dont Montaigne lui avait fourni les plus heureux modèles, en tant même qu'il s'agirait peu d'examiner si, forme et fond, tout, dans le livre des *Essais*, n'a point servi plus d'une fois à enrichir le livre des *Maximes;* que La Bruyère, dans la touche duquel, sans parler de l'idée mère qu'il emprunta particulièrement à Montaigne, de mettre en action les ridicules et les folies des hommes, on reconnaît un si bon nombre des traits les plus saillants de la touche du maître; que Vauvenargues, dont, à en excepter, d'une part, la méthode et la profondeur qui distinguent son *Introduction à la connaissance de l'esprit humain*, et, d'une autre, la justesse et la nouveauté de certains aperçus et de certains jugements qui lui appartiennent en propre, les écrits ne sont, assez ordinairement, que des reflets plus ou moins lumineux du sens et de la manière de chacun de ses deux devanciers, et, partant, des leçons diverses de ce génie universel qui leur avait, aussi-bien qu'à Vauvenargues, aplani la route et facilité la carrière; que ces trois écrivains, qui doivent à Montaigne une partie de leur crédit et de leur gloire, soient devenus, dès l'origine, la lecture privilégiée de presque tout le monde, tandis que Montaigne, de qui, sur le moindre propos, on voit si souvent élever au plus haut point le nom, le mérite et l'autorité, semble pourtant destiné à ne pouvoir jamais être la lecture de prédilection que d'un petit nombre de personnes même lettrées? ˙

C'est Montaigne qui, le premier, va répondre à cette question : « l'escris, dit-il, mon livre à « peu d'hommes et à peu d'annees. Si c'eust esté « une matiere de duree, il l'eust fallu commettre « à un langage plus ferme. Selon la variation « continuelle qui a snivy le nostre iusques à cette « heure, qui peult esperer que sa forme presente « soit en usage d'icy à cinquante ans? Il escoule « touts les iours de nos mains; et depuis que ie « vis, s'est altere de moitié. Nous disons qu'il « est asture parfaict : autant en dict du sien « chasque siecle. Ie n'ay garde de l'en tenir là, « tant qu'il fuyra et se difformera comme il faict.

« C'est aux bons et utiles escripts à le clouer à
« eux ; et ira son credit selon la fortune de nostre
« estat..... »

Montaigne, auquel on a si ridiculement repro-
ché de faire, en mainte occasion, preuve de vanité, donne à coup sûr, en cet endroit, un témoignage par trop exemplaire de sa modestie. *Il
écrivait à peu d'hommes*, nous en convenons volontiers avec lui ; car, bien que, par la puissance
de son génie, il ait, comme le dit **M.** Villemain,
si fréquemment trouvé l'expression qui ne peut
vieillir, et deviné la langue de nos jours, pourtant est-il qu'à moins d'être suffisamment versé
dans les lettres, nul ne saurait le saisir et le suivre
que deçà et delà au courant de son ouvrage, ainsi
qu'il arrive de saisir et de suivre les sillons de
lumière que trace, en de tels endroits et par de
tels moments indéterminés, le feu céleste, au milieu d'une atmosphère plus ou moins chargée de
nuages. *Il écrivait à peu d'années*, voilà le point
que nous pouvons lui contester hardiment, aujourd'hui que deux siècles et plus ont placé les
*Essais* au premier rang des livres impérissables.

Il nous importe, toutefois, d'insister sur les
raisons qui, indépendamment de l'ancienneté du

langage, s'opposent à ce que l'œuvre de Montaigne puisse jamais devenir un livre populaire
dans toute l'acception du mot, c'est-à-dire un
de ces livres usuels à la portée de toutes les classes
de lecteurs. Loin de là, si nous devons en croire
la plupart des apologistes de Montaigne, la lecture des *Essais* ne se trouvera plus être que difficilement accessible à ceux-là mêmes que leurs
études auront le plus familiarisés avec l'idiome de
nos pères.

Rapportons à dessein, en les allant chercher
aux différents degrés de notre échelle littéraire,
les jugements formulés à ce sujet par quelques-
uns d'entre ceux de nos écrivains, qui se sont le
plus particulièrement et le plus impartialement
intéressés à la gloire de Montaigne.

A tout seigneur, tout honneur : recourons d'a-
bord à l'opinion de M. Villemain. Sans déroger à
la première loi de sa nature, qui lui fait revêtir
d'un certain vernis d'atticisme toutes vérités tant
soit peu délicates, M. Villemain ne laisse pourtant pas de s'exprimer, en cette occasion, avec
la plus entière franchise. Il n'est donc point probable que personne s'avise de découvrir, dans
les derniers mots du passage que nous allons citer,

une sorte de tour spécieux, où, sous la forme naïve du sentiment, viendrait se cacher à demi quelque maligne réticence.

Voici le passage : « Des phrases vives et cou-
« pées, des bons mots, des traits, des épigrammes,
« convenaient d'ailleurs très-bien dans un style
« décousu, qui, comme le dit l'auteur lui-même,
« — *ne va que par sauts et par gambades.*—Le
« désordre est souvent pénible : il faut du moins
« qu'il ait quelque chose d'amusant. Montaigne
« abuse beaucoup de son lecteur. Ces chapitres
« qui parlent de tout, excepté de ce que promet-
« tait le titre, ces digressions qui s'embarrassent
« l'une dans l'autre, ces longues parenthèses qui
« donnent le temps d'oublier l'idée principale,
« ces exemples qui viennent à la suite des raison-
« nements et ne s'y rapportent pas, ces idées qui
« n'ont d'autre liaison que le voisinage des mots,
« enfin, cette manie continuelle de dérouter l'at-
« tention du lecteur, pourrait fatiguer ; et l'on
« serait quelquefois tenté de ne plus suivre un
« écrivain qui ne veut jamais avoir de marche
« assurée : un trait inattendu nous ramène, un
« mot plaisant nous pique, nous réveille. Le
« sujet nous a souvent échappé ; mais nous re-

« trouvons toujours l'auteur, et c'est lui que
« nous aimons. »

On voit, et nous ne parlons point ici de quiconque se plairait à ne tenir le dernier trait de
M. Villemain que pour une réticence habilement
déguisée, on voit par quelle raison persuasive et
déterminante, craignant peut-être d'avoir jeté le
découragement dans l'esprit des jeunes lettrés qui
ne connaîtraient pas encore le livre des *Essais*,
notre sage et prudent Aristarque prend aussitôt
soin de leur démontrer qu'il n'est point d'ouvrage
dont la lecture leur puisse être plus désirable. En
effet, leur attesterons-nous avec M. Villemain,
la lecture patiente et assidue de Montaigne doit
les conduire à l'aimer. Or, aimer Montaigne,
c'est se faire un besoin dominant de toujours le
pratiquer, de toujours l'apprécier, de toujours
l'admirer.

Il ne résulte pas moins des observations de
M. Villemain, que les *Essais* ne sauraient être
un livre à l'usage de toutes sortes de lecteurs.
La première condition, pour qu'une pareille lecture devienne profitable à ceux-là mêmes que
leurs études ont mis en état de l'entreprendre,
c'est qu'ils soient doués d'une intelligence peu

commune et d'une persévérance à toute épreuve.
Mais, il faut, en outre, qu'ils joignent à ces deux
rares qualités le précieux avantage de pouvoir
disposer d'un loisir, dont il n'est pas également
donné à chacun d'être le maître; car, pour intelligents et pour persévérants que soient d'ailleurs
certains jeunes érudits, nous ne devons pas le
leur dissimuler : ce serait mal connaître, ce serait
mal apprécier Montaigne, que de ne pas le lire
tous les jours, que de ne pas l'étudier toute la
vie.

Passons au jugement d'un autre apologiste de
Montaigne. Afin qu'on sache bien à quoi s'en
tenir sur les vues qui lui ont fait entreprendre son
ouvrage, La Dixmerie ne manque pas de déclarer
qu'il n'écrit que pour ceux qui savent lire les
*Essais*, et que, par conséquent, il n'écrit que
pour le petit nombre.

« Montaigne, ajoute-t-il, ne connut aucune
« espèce de méthode. Il pensait, il écrivait ses
« pensées à mesure qu'une circonstance, ou l'im-
« pulsion du génie, les lui inspirait. Il abandonne
« souvent son texte pour suivre une idée qui se
« présente à l'improviste : peu lui importe
« qu'elle soit relative ou non au sujet qu'il vou-

« lait d'abord traiter. Il intercale telle ma-
« tière au milieu de telle autre; il faut souvent
« chercher à la fin du livre l'objet qu'il semble
« avoir voulu traiter dans le premier chapitre.
« Le fil nous échappe à chaque moment; et il
« faut le retrouver, moins pour sortir du lahy-
« rinthe, que pour en suivre exactement les
« détours. »

Qui se serait imaginé qu'on pût aller plus loin,
touchant les entraves que présente aux jeunes
lettrés la lecture des *Essais?* Deux écrivains,
pourtant, l'un, Pesselier, au milieu du dernier
siècle, l'autre, M. le comte Vernier, au commencement de celui-ci, n'ont pas craint de se
montrer, à de certains égards, plus explicites
que M. Villemain et que La Dixmerie. Le second,
toutefois, paraît s'être contenté de combler la
mesure, tandis que le premier semblait avoir
pris à tâche de la faire déborder.

Commençons par reproduire les appréciations
de Pesselier; les voici dans leur verte et âpre te-
neur : « Il n'est guère d'auteurs dont la réputa-
« tion soit plus étendue, et, j'ose le dire, mieux
« établie que celle de Montaigne; et, cependant,
« il est peu d'écrivains moins lus que celui-ci.

« Ses digressions continuelles qui ne laissent dans
« ses discours aucun ordre, aucune liaison, ses
« fréquentes citations qui font que ce qui est de
« lui se trouve comme noyé dans ce qu'il em-
« prunte d'autres écrivains, ses réflexions qui
« allongent considérablement son ouvrage, son
« style enfin qui n'est pas toujours à la portée
« de tout le monde, sont autant de défauts con-
« sidérables aux yeux de la plupart des lecteurs,
« et principalement de ceux qui ne donnent à la
« lecture que les instants qu'ils consacrent à
« l'amusement ; les digressions les égarent, les
« citations les *ennuient,* les répétitions les *rebu-*
« *tent,* le syle les *dégoûte ;* tout le monde n'est
« pas assez courageux pour chercher à dévelop-
« per, au milieu de tout cela, d'excellentes qua-
« lités et de grandes perfections. »

On conviendra que, pour un admirateur de
Montaigne, cet écrivain, s'il ne se méprend sur
la valeur des mots, pousse les choses bien à l'extrême. Ne dirait-on pas, vraiment, cet ours of-
ficieux, qui, pendant que l'amateur des jardins,
son ami, se livrait au sommeil, apercevant une
mouche sur le nez du bon prêtre de Flore :

Vous empoigne un Pavé, le lance avec roideur,
Casse la tête à l'homme en écrasant la mouche ;
. . . . . . . . . . . . .

Ce serait peut-être même ici le cas d'ajouter avec La Fontaine :

Rien n'est si dangereux qu'un ignorant ami ;
Mieux Vaudrait un sage ennemi.

Nous avouerons que, pour ce qui nous concerne personnellement, soit modestie ou présomption, il ne nous est jamais arrivé d'être ennuyé, ni rebuté, ni surtout dégoûté par la lecture des *Essais*. Ne serait-ce point, au reste, que, comme M. Villemain, lorsque nous perdons le sujet de vue, nous retrouvons toujours l'auteur, et que c'est lui que nous aimons, ou que, comme La Dixmerie, lorsque le fil vient à nous échapper, nous avons hâte de le ressaisir, moins pour sortir du labyrinthe, que pour en suivre curieusement les détours? Quant à résoudre ce problème, nous consentirions même à nous en rapporter aux lumières de tout sage ennemi de Montaigne.

« Quel dommage, néanmoins, poursuit Pes-
« selier, que ces grandes qualités et ces rares
« perfections de Montaigne, demeurent comme
« ensevelies dans l'oubli pour un si grand nombre

« de lecteurs de l'un et de l'autre sexe, et surtout
« de celui que la finesse de l'esprit et la délica-
« tesse des sentiments met en possession de faire
« la fortune de tant d'ouvrages ! Ces lecteurs ne
« savent guère de Montaigne que ce qu'ils en
« lisent ailleurs, ou ce qu'ils en entendent citer ;
« et l'on doit d'autant plus regretter qu'ils n'en
« sachent pas davantage, que peut-être sont-ils
« plus en état que les autres d'en saisir tout le
« bon, et de s'en servir utilement.

« C'est pour leur en procurer les moyens, au-
« tant qu'il m'est possible, que j'ai recherché,
« recueilli et rangé sous un petit nombre de ti-
« tres généraux ce que Montaigne a écrit sur
« chacune de ces matières. J'ai donc rassemblé
« ses pensées, ses maximes, ses réflexions, ses
« jugements, son *esprit* en un mot; mais je n'ai
« point choisi ; je rapporte ce qu'il a dit, et non
« ce qu'il a dit de mieux. Choisir eût été décider ;
« décider, c'est juger; juger, c'est entreprendre
« sur les droits du public, et le public est toujours
« jaloux de son autorité.

« Quant au style, j'ai cru devoir entièrement
« le respecter ; car, outre que Montaigne est en-
« core fort intelligible, eu égard au temps où il a

« vécu, ses expressions ont un tour nerveux, vif,
« original, qui ne contribue pas peu à les faire
« valoir, et qui fait, à mon sens, qu'on ne pour-
« rait y toucher sans les affaiblir considérable-
« ment, et sans altérer même le fond de ses
« pensées : les pensées de Montaigne, habillées à
« la moderne, perdraient, à ce que je crois, une
« partie de leur force et de leur agrément. Je me
« suis donc contenté, dans les endroits où l'ex-
« pression m'a paru si surannée qu'elle est de-
« venue inintelligible, de placer en lettres ita-
« liques, à côté de l'ancien terme, celui que
« notre usage y a substitué pour rendre la même
« idée. »

Ainsi donc, la chose est nettement établie :
pénétré de l'avantage que toutes les personnes de
l'un et de l'autre sexe peuvent avoir à connaître
les pensées, les maximes, les réflexions et les jugements de Montaigne, Pesselier manifeste l'intention d'en populariser la lecture. Mais, qu'i-
magine-t-il pour arriver à cette louable fin, en
donnant au public un livre sous ce titre : *l'Esprit
de Montaigne?* Il commence par avancer que
le style de cet écrivain n'est pas toujours à la portée de tout le monde, et qu'il dégoûte même la

plupart des lecteurs. Puis alors, pour faciliter, sous un assez grand nombre de rapports, la connaissance des œuvres de Montaigne, à toutes les personnes de l'un et de l'autre sexe, qui ne peuvent en savoir guère rien de plus que ce qu'elles en lisent ailleurs, ou ce qu'elles en entendent citer, il se contente de leur offrir un ouvrage textuellement tiré du livre des *Essais*, un ouvrage entièrement sorti de la plume de Montaigne.

Le monde lettré n'aurait certes pas à se plaindre de la compilation de Pesselier, si, ce qu'à Dieu ne plaise, le livre des *Essais* venait un jour à disparaître. Mais, à supposer que, par impossible, les lettres eussent à subir une pareille calamité, Pesselier, à qui les érudits auraient alors tant de grâces à rendre, Pesselier retirerait-il d'ailleurs, de son abrégé de Montaigne, le résultat qu'il s'en était réellement promis? Malgré le plus ou le moins de mots qu'il a placés en regard des mots surannés de Montaigne; malgré le soin que, sans le vouloir peut-être, il a pris de se contredire, en avançant d'abord que le style de Montaigne n'est pas toujours accessible à tout le monde, et, bientôt après, que ce style est pourtant fort intelligible, eu égard au temps

où il a vécu ; malgré mainte autre précaution encore, notre compilateur est-il parvenu à rendre,
en quelque partie que ce soit, ne fût-ce qu'en cela
qu'il appelle l'*Esprit de Montaigne*, le livre des
*Essais* une lecture usuelle et populaire?

Non, dirons-nous; c'est dans ce livre même,
que ceux qui ont le bonheur de l'entendre, vien-
drout incesamment lire et admirer Montaigne;
mais, pour ceux-là qui ne sont pas en état de
comprendre l'idiome des *Essais*, c'est faire une
tentative également inutile, que de leur communiquer ce livre, soit tout entier, soit par extraits :
l'aveugle discernerait-il d'autant mieux les couleurs, qu'on lui en aurait mis devant les yeux
une plus ou moins grande diversité? O l'admirable découverte, s'il suffisait de ce moyen pour
rendre à quiconque en serait dépossédé l'usage
de la vue!

Venons à l'ouvrage du comte Vernier. On
verra que les allégations de cet écrivain, sur les
difficultés que rencontrent les jeunes gens à la
lecture de Montaigne, ne sont, à proprement parler, qu'une contre-épreuve légèrement amoindrie
des appréciations de Pesselier.

Dans l'indroduction mise à la tête des *Notices*

*sur les Essais*, nous trouvons, entre autres, les passages suivants : « On ne peut lire les *Essais* « sans les admirer. Qui pourrait ne pas désirer une « lecture aussi intéressante qu'instructive pour « tous les âges de la vie? Mais, il faut convenir « de bonne foi qu'elle est pénible et *fatigante*, « surtout pour la jeunesse, par l'ancienneté du « langage qui vieillit de plus en plus chaque jour, « à mesure que nôtre langue se perfectionne.

« Cette lecture devient plus difficile encore « par les expressions que l'auteur a pour ainsi « dire créées, ou par le sens particulier qu'il a « quelquefois donné à celles qui étaient en usage « de son temps, par sa manière d'écrire, sans « ordre, sans liaisons, qui est, comme il le dit « lui-même, *à báton rompu, d'un style décousu,* « *mal lié, qui ne va qu'à sauts et gambades.* « En effet, on lit parfois la moitié, les deux tiers « d'un chapitre, sans y trouver aucun rapport « direct avec le titre.

« C'est donc faire une chose utile, que de « rendre la lecture de Montaigne facile et at- « trayante; les jeunes gens seront plus dispo- « sés, plus empressés à se familiariser avec un « auteur si fécond, à s'enrichir des trésors qu'il

« prodigue à pleines mains. Le moyen d'y par-
« venir est d'écarter les obstacles et d'aplanir les
« difficultés qui détournent et *rebutent* les lec-
« teurs; il faut, en effet, avouer que peu de per-
« sonnes ont le courage de le suivre, et de péné-
« trer dans le fond de ses pensées.

« Pour rendre la lecture des *Essais* facile et
« attrayante, il est indispensable de donner de
« courtes notices à la tête des différents cha-
« pitres, et de faire sur chacun de ces chapitres
« des observations particulières, soit relative-
« ment à la marche de l'auteur, soit sur le fond
« des choses et des pensées. Par ce moyen, on
« verra disparaître, du moins en partie, tout
« ce que la lecture de ce précieux ouvrage a de
« pénible et de *rebutant*. »

Les réflexions du comte Vernier nous semblent, à peu de chose près, tout aussi formelles,
tout aussi précises que celles de Pesselier. En
effet, il convient de bonne foi que la lecture de
Montaigne l'a, non pas *ennuyé* et *dégoûté*, mais
du moins *fatigué* et *rebuté*. Nous lui pardonne-
rions difficilement un pareil aveu, s'il ne rache-
tait ce péché par sa profonde admiration pour
notre philosophe. Mais, n'oublions pas qu'au

nombre des difficultés qu'il prétend avoir éprouvées en lisant les *Essais*, il place en première
ligne, et sans qu'il lui arrive de se démentir sur ce
point, l'ancienneté du langage.

Précisons bien le but que se propose le comte
Vernier; déterminons bien les moyens à l'aide
desquels il se flatte de pouvoir y atteindre.

« On n'entreprend point ici, dit-il au com-
« mencement de son indroduction, de donner
« l'abrégé des *Essais* de Montaigne; on n'en-
« prend point de les traduire, d'en changer le
« texte et les expressions, d'en détacher les
« maximes, d'en extraire l'esprit et les pensées.

« Un abrégé, quelque parfait qu'il soit, n'est
« toujours qu'un nain qui, quoique dessiné dans
« de justes proportions, ne peut jamais rempla-
« cer un être qui doit conserver sa grandeur
« naturelle et les beautés majestueuses de ses
« formes.

« A l'égard du style et des expressions, ce
« serait tout altérer, tout dénaturer, que d'y
« apporter le moindre changement. C'est dans
« le genre, dans la manière d'écrire de l'auteur,
« de présenter ses idées, ses opinions, que se fait
« remarquer son principal mérite. Le style, les

« expressions, la tournure des périodes, tout
« concourt à donner de la force et de l'énergie
« à ses pensées.

« Quant aux maximes et à l'esprit de Montai-
« gne, tout s'évaporerait si l'on voulait en ex-
« traire la quintescence. Nul ouvrage n'est moins
« susceptible que ne le sont les *Essais* de ces dif-
« férentes tentatives; il faudrait les copier en en-
« tier à raison de leur originalité piquante, de la
« finesse des pensées, de la tournure singulière des
« périodes, des transpositions, des digressions
« fréquentes, du sens souvent inattendu qu'il
« donne à ses nombreuses citations. Une sembla-
« ble entreprise deviendrait donc aussi impossible
« qu'infructueuse. Celles de ce genre qu'on a
« voulu tenter jusqu'à ce jour, et dans lesquelles
« on a échoué, nous en fournissent la preuve.

« Notre unique objet est de faciliter la lecture
« de ce précieux ouvrage, de la mettre à la portée
« de tous les lecteurs, de la leur faire désirer, et,
« pour le dire d'un seul mot, d'apprendre à lire
« Montaigne, sans le tronquer, sans le dénaturer,
« en le présentant tel qu'il est, tel qu'il doit être.

« On se contentera donc de renvoyer aux
« meilleures éditions qui en ont été faites, et l'on

« se bornera à donner des notices et des observa-
« tions succinctes à la tête de chaque chapitre.
« Elles porteront principalement sur le fond des
« pensées, des opinions, pour les faire saisir sous
« leur vrai point de vue. Ce plan est absolument
« neuf : puisse-t-il être également utile! »

La tâche que s'impose le comte Vernier, tâche
plus audacieuse et plus chimérique, sans contredit, que celle où devait pourtant échouer avant
lui Pesselier, c'est de vulgariser, non plus la lecture de quelque compilation des passages les plus
accessibles de Montaigne, mais la lecture des
*Essais* tels qu'ils sont, tels qu'ils doivent être,
des *Essais* dans leur parfaite intégrité.

Pour parvenir à ce résultat, l'écrivain engage
tous les lecteurs, soit qu'ils entendent ou non
l'idiome de Montaigne, à se procurer-une des
meilleures éditions du livre des *Essais*, et à n'en
aborder toutefois les chapitres qu'au fur et à mesure qu'ils auront parcouru les chapitres corres-
pondants du livre des *Notices*.

A Dieu ne plaise que nous ne rendions la plus
ample justice, et que nous n'accordions la plus
sincère estime au mérite d'un homme de savoir
et de conscience! Il nous siérait mal d'ailleurs de

ne pas respecter, de ne pas honorer l'intention
même de cet ardent ami des bonnes lettres, alors
que sa ferveur pour les progrès de la raison humaine, lui fait employer ses veilles et consacrer
ses talents à populariser le nom et les écrits du
plus fécond et du plus puissant de nos moralistes.

Mais, l'intention et les talents suffisent-ils pour
empêcher qu'un écrivain ne s'abuse sur la portée
de ses vues, et ne se méprenne sur l'importance
de ses travaux? Et, qu'est-ce donc, à le bien
apprécier, que le livre des *Notices?* En quoi
peut-il vraiment faciliter à toute personne que
ce soit la lecture des *Essais?*

Le comte Vernier prévient ses lecteurs, on se
le rappelle, qu'il n'entreprend ni d'abréger ni
de traduire les *Essais*, ni d'en changer le texte et
les expressions, ni d'en détacher les maximes, ni
d'en extraire l'esprit et les pensées. Mais, oubliant
aussitôt ses promesses, le voilà qui, durant le
cours entier de son ouvrage, fait plus que l'opposé de ce qu'il avait paru ne vouloir point faire:
il abrège, ou traduit, ou commente les *Essais;*
il en extrait mot pour mot, dans cet endroit telle
pensée, et dans cet autre telle maxime; il change
le texte de maint et maint passage, dont il inter-

prète ou développe le sens; il ajoute, en de certaines occasions, ses propres aperçus à ceux de
Montaigne; enfin, il va semant çà et là, comme
entraîné, quoi qu'il en ait dit, par l'exemple du
maître, des traits d'histoire, de science, d'art,
de morale, de politique et de philosophie, sans
trop examiner si tout cela n'est point d'ailleurs
plus ou moins étranger à la matière dont il
traite.

Quoi qu'il en soit, pourtant, de ses écarts personnels, qui ne servent qu'à embarrasser, en la
compliquant sans nécessité et sans utilité, l'ordonnance de son livre; quoi qu'il en soit encore
de la confusion et de la contradiction qui se manifestent dans ses idées sous ce point de vue ca-
pital, que la manière dont il exécute son œuvre
est précisément celle-là qu'il annonçait vouloir
éviter; quoi qu'il en soit, en un mot, des moyens
qu'il emploie pour réaliser son entreprise, nous
ne reprocherons certainement pas à l'auteur des
*Notices* d'avoir fait concourir toutes les ressources quelles qu'elles fussent, de son esprit et
de sa mémoire, à nous donner le commentaire le
plus complet qui ait paru jusqu'à ce jour sur les
*Essais* de Montaigne.

Cependant, à quelque degré de perfection qu'il fût permis de porter un pareil ouvrage, suivre exactement et fidèlement la marche de Montaigne, à travers le décousu de son style, le va-et-vient de ses pensées, le pêle-mêle de ses périodes, le dédale sans terme et sans issue de ses digressions, de ses citations, de ses transpositions, n'est-ce point d'abord, nous demanderons-nous, une chose évidemment impossible? Et, supposons qu'un de ces rares génies auxquels rien ne coûte moins qu'un prodige, accomplissant la merveille de saisir ce véritable Protée sous toutes ses formes, et de le représenter dans toutes ses allures, parvînt à enrichir le public d'une peinture si parfaite des *Essais,* qu'elle ne laissât quoi que ce fût à désirer sous le double rapport de l'ensemble et des détails : les lettres acquerraient, nous n'en disconvenons pas, un modèle inconnu dans ce genre, et posséderaient peut-être même un chef-d'œuvre de plus. Mais, serait-ce bien, en définitive, par l'entremise d'un commentaire, pour irréprochable qu'il dût être, que ceux qui comprennent le langage des *Essais*, s'aviseront jamais de pratiquer, d'étudier, d'approfondir Montaigne? On aurait fait pour les érudits un livre piquant et curieux, sans néanmoins pouvoir en obtenir de conséquence autrement profitable. Quant aux lecteurs illettrés, pensez-vous que n'importe quel travail plus ou moins lumineux sur Montaigne, dût leur infuser l'intelligence de notre vieil idiome, et leur faciliter comme à miracle la lecture des *Essais* ?

Le comte Vernier semble ne s'être pas suffisamment souvenu de ce fait signalé par lui-même dans son introduction, qu'une des principales difficultés que rencontrent les érudits à la lecture de Montaigne, c'est l'ancienneté de son langage. Montaigne n'avait-il point prévu cet obstacle, lorsqu'il disait : « l'escris mon livre à peu d'hommes ? » On peut donc l'affirmer sans crainte d'être démenti, cela même qu'on doit tenir pour une entrave positive, quoique momentanée, pour les lecteurs instruits, devient un empêchement insurmontable pour les lecteurs vulgaires. Ce serait, qu'on se garde bien de l'oublier, une entreprise foncièrement erronée, une tentative radicalement infructueuse, que l'idée de mettre, en son entier ou par extraits, l'œuvre de Montaigne à la portée de tout le monde. Abréviateurs, compilateurs, ou commentateurs, peu importe : nul ne fera que le livre des *Essais* puisse jamais devenir une lecture usuelle et populaire.

Mais, de ce que ce livre tel qu'il est, et tel qu'il doit rester pour l'admiration du monde savant, ne saurait être lu que par les érudits, est-ce donc à dire que les lecteurs dépourvus de lettres demeureront à jamais privés des utiles enseignements de cette philosophie morale et pratique, dont Montaigne sut faire, à l'exemple de Socrate, une science applicable à nos besoins et à nos faiblesses, en quelque haut ou bas étage qu'il nous arrive de naître, en quelque bonne ou mauvaise situation que nous venions à nous trouver; science d'observation et de raisonnement, qui, suivant les paroles de M. Villemain, nous prend tels que nous sommes, pour nous rendre tels que nous devons être, et nous étudie afin de nous corriger; science, ajouterons-nous, si fertile en résultats heureux, quand le génie d'un Socrate ou d'un Montaigne vient la mettre au niveau des intelligences les plus ordinaires?

Nous ne savons rien de plus judicieux, touchant l'œuvre de Montaigne, que ce mot du cardinal du Perron : « Le livre des *Essais* doit être le bréviaire des honnêtes gens. »

Et, pourtant, quel peuple ferions-nous, bon Dieu, si cette qualité d'honnêtes gens ne devait appartenir, en ce pays, qu'au petit nombre de ceux qui sont plus ou moins en état de comprendre l'idiome de Montaigne ! Mais, loin de là sans doute, on rencontre, parmi nos classes illettrées, force honnêtes gens auxquels pourrait s'appliquer, en bonne part, l'axiome du grand moraliste : « Il faut s'enquerir qui est mieulx sçavant, non qui est plus sçavant. » Ces honnêtes gens ont dans la mémoire, — « moins pour l'emplir que pour l'enrichir, » — une foule de traits de La Bruyère, de La Rochefoucauld, de Vauvenargues, et ne connaissent tout au plus Montaigne que par le titre de son admirable livre. Nous avons suffisamment démontré pourquoi, avec les meilleures intentions, nul n'a pu trouver le moyen de faciliter à ces honnêtes gens l'intelligence des *Essais*, et de leur faire mettre cet ouvrage au rang de leurs lectures familières : c'est que, nous le dirons encore, pour parvenir à populariser Montaigne par la lecture des *Essais*, il faudrait n'avoir rien moins reçu de Dieu que le don des miracles !

Or, ce qui nous semblait impossible à réaliser en

ce qui touche le livre même des *Essais*, nous a paru cesser de l'être en ce qui regarde la philosophie proprement dite de Montaigne; cette philosophie morale et pratique, dont il puisa les leçons tantôt chez autrui, tantôt en lui-même, partout, en un mot, où son instinct sublime lui faisait découvrir le langage de la nature et de la vérité; cette philosophie dont les préceptes répandus de toutes parts dans son ouvrage, font du livre des *Essais*, envisagé sous ce point de vue, comme le répertoire le plus riche et le plus varié de la sagesse universelle.

— Rechercher et recueillir les éléments qui constituent, selon nous, la philosophie proprement dite de Montaigne, et qu'il a jetés sans ordre et sans méthode au courant de son œuvre, soit qu'il les tirât de ses lectures, de ses souvenirs, ou de ses méditations;

Étudier tour à tour ces éléments jusque dans leurs moindres détails; les interpréter quelquefois, les développer assez souvent, les résumer presque toujours, sans laisser néanmoins de reproduire en leur intégrité ces maximes, ces sentences, ces axiomes, qui ne le cèdent à rien de ce que nous possédons de mieux en ce genre, ni pour la force du sens, ni pour la netteté de l'expression ;

Analyser, dans la plus stricte acception du mot, cette philosophie morale et pratique, c'est-à-dire, la décomposer en toutes ses parties, suivant qu'elles se trouvent disséminées au hasard sur tous les points du livre des *Essais*, pour la recomposer en un ensemble méthodique à la fois et homogène, où partitions et déductions se lient et s'enchaînent logiquement, naturellement, sans travail et sans effort pour les intelligences même les moins exercées ;

Mais, faire en sorte que, quoique les divisions principales, les chapitres subordonnés à chacune de ces divisions, les pensées contenues dans chacun de ces chapitres, toutes choses, tant par leur succession plus ou moins directe que par leur analogie plus ou moins prochaine, concourent à l'harmonie universelle de l'ouvrage, les esprits qui n'aiment la morale qu'à petite dose, et ne commencent à parcourir un livre que par la fin ou par le milieu, puissent, à quelque endroit qu'ils ouvrent celui-ci, trouver une lecture qui leur soit profitable ;

Adopter, pour cet effet, le mode de composition mis en usage par certains moralistes de toutes

les époques, lequel tend à débarrasser l'écrivain
de la contrainte des transitions et de la mono-
tonie des dissertations, mais lui enjoint de ren-
fermer la matière dont il traite dans le plus petit
nombre de mots possible, et consiste à offrir au
lecteur, dans chaque alinéa du livre, quelque vérité
générale ou particulière, qui, bien qu'elle se rattache, par une filiation plus ou moins sensible, à
telle autre vérité qui précède ou qui suit, contient
toutefois un sens complet en soi-même, et réalise
un tout facile à saisir indépendamment de quoi
que ce soit qui l'environne ;

Enfin, présenter, dans le cadre le plus restreint,
les principes fondamentaux de ce que nous tenons
pour la philosophie rationnelle et substantielle de
Montaigne, et démontrer, par l'analyse des hauts
enseignements de ce moraliste, que, loin de s'ériger
en apôtre d'un scepticisme absolu, s'il enseigne aux
hommes à se défier du témoignage des sens et des
lumières de la raison, il les exhorte d'ailleurs à
s'abandonner sans réserve aux avertissements de
la conscience, et les incite, en leur mettant au
cœur l'amour de Dieu et du prochain, le respect
de tout devoir et la pratique de toute vertu, à mériter, par une exacte observation des lois divines

et humaines, le renom des gens de bien et tout ensemble celui de bons citoyens, ce qui est, à vrai dire, le dernier terme où les doive mener l'étude de la sagesse :

Voilà, quant au fond et quant à la forme, l'ouvrage qui nous a paru le plus propre à populariser, non pas le livre des *Essais*, dont la lecture demeurera, quoi qu'on puisse faire, le privilège exclusif des personnes lettrées, mais la philosophie réelle et positive de Montaigne, en toutes les vérités constantes, rigoureuses, invariables, auxquelles nos études analytiques nous permettaient d'initier les personnes dépourvues de lettres; voilà l'ouvrage que nous avons entrepris à notre tour, par le désir de nous rendre utile à cette foule de lecteurs studieux et intelligents, qui, bien qu'ils ne soient pas en état de comprendre l'idiome de nos pères, n'en sont pas moins capables d'apprécier les leçons du grand moraliste, et pas moins dignes, partant, d'être placés entre ceux-là que le cardinal du Perron qualifiait d'honnêtes gens. —

Nous ne nous dissimulons pas les objections que pourra soulever un pareil ouvrage. Certains critiques peut-être, sans se préoccuper autre-

ment des motifs qui nous l'ont fait entreprendre,
s'attaqueront de prime abord à la manière dont
nous l'avons exécuté. Se prévalant de ce mot si
juste, qu'on croirait avoir été inspiré à son auteur par la lecture des *Essais*, « *Le style est
l'homme même,* » ils ne manqueront pas de dire::
c'est profaner l'œuvre de Montaigne, même en ce
qu'on doit envisager comme sa philosophie morale et pratique, que de sacrifier ainsi l'écrivain
au penseur; idiome, style, expressions, tout concourt à donner de la force et de l'énergie aux
pensées de ce philosophe, et l'on ne tend à rien
moins qu'à vouloir tout altérer et tout dénaturer,
en s'avisant d'apporter le moindre changement à
quelque partie que ce soit de son œuvre.

Après avoir répondu d'avance à nos censeurs
qu'il est difficile que leur admiration, que leur
vénération puisse aller plus loin que la nôtre pour
tout ce que nous ont laissé l'esprit et la plume de
Montaigne; après leur avoir bien et dûment attesté
que nous n'avons eu spécialement en vue, quand
nous formulions notre livre, que l'avantage des
personnes à qui le défaut d'études interdit la lecture
des *Essais*, que pourrions-nous faire de mieux
que d'ajouter avec Voltaire: « Ce n'est pas le lan-

gage de Montaigne, c'est son imagination qu'il
faut regretter ? » Et, pourtant, malgré le respect
qu'on doit aux jugements de l'un de nos plus cé-
lèbres écrivains, combien ne déplorons-nous
point de ne pouvoir, par des qualités qui ne sont
le partage que des plus rares génies, compenser,
pour nos lecteurs, la privation du plaisir que
procurent à ceux qui sont en état de lire Montaigne, et la puissante originalité de son style, et
l'ancienneté même de son langage ! Mais quoi,
l'inépuisable habileté de Voltaire n'eût-elle pas
reculé devant une telle entreprise?

A ne considérer, toutefois, que le but particulier de notre ouvrage, ne sommes-nous pas en
droit d'opposer à l'axiome, dont nous prévoyons
peut-être à tort que s'armera contre nous la cri-
tique, cet autre axiome, dont l'application doit
évidemment remonter jusqu'à l'origine du monde :
« *Qui veut la fin, veut les moyens?* » Bien plus,
ne trouvons-nous pas, dans Montaigne lui-même,
un bienveillant défenseur tout prêt à embrasser
notre cause, tout disposé à nous soutenir, au besoin, contre les préventions de nos plus sévères
Aristarques?

· « Ie sçais bien, dit-il, quand i'ois quelqu'un

« qui s'arreste au langage des *Essais*, que i'ai-
« merois mieulx qu'il s'en teust : ce n'est pas
« tant eslever les mots, comme desprimer le sens,
« d'autant plus picquemment que plus oblique-
« ment. Si suis ie trompé, si gueres d'aultres
« donnent plus à prendre en la matiere ; et, com-
« ment que ce soit, mal ou bien, si nul escrivain
« l'a semee ny gueres plus materielle, ny au moins
« plus drue en son papier. Pour en renger da-
« vantage ie n'en entasse que les testes : que i'y
« attache leur suitte, ie multiplieray plusieurs
« fois ce volume. Et combien y ay ie espandu
« d'histoires qui ne disent mot, lesquelles qui
« vouldra esplucher un peu ingenieusement, en
« produira infinis *Essais*. Ny elles, ny mes alle-
« gations, ne servent pas tousiours d'exemple,
« d'auctorité ou d'ornement ; ie ne les regarde pas
« seulement par l'usage que i'en tire : elles portent
« souvent, hors de mon propos, la semence d'une
« matiere plus riche et plus hardie ; et souvent, à
« gauche, un ton plus delicat, et pour moy qui
« n'en veulx en ce lieu exprimer davantage, et
« pour ceulx qui rencontreront mon air. »

Nous le demandons franchement à toute personne exempte de préventions, qui ne laisserait,

non plus que nous, de professer une admiration sans fanatisme pour le délicieux idiome de Montaigne, pouvions-nous offrir une Justification plus complète et plus décisive de notre ouvrage, que ces paroles si concluantes du maître : « Ie « sçais bien, quand i'ois quelqu'un qui s'arreste « au langage des *Essais*, que i'aimerais mieulx « qu'il s'en teust : ce n'est pas tant eslever les « mots, comme desprimer le sens, d'autant plus « picquemment que plus obliquement ? » Ne semble-t-il pas que Montaigne, en parlant de la sorte, imposait à ses véritables appréciateurs le devoir de propager, en tant qu'il dépendrait de chacun d'eux, non pas son langage, dont il faisait, convenons-en, trop peu d'état, et à l'égard duquel il avait pourtant quelque raison de dire « I'escris mon livre à peu d'hommes et à peu « d'annees, » mais bien le sens de ces hautes et puissantes vérités, dont, en dépit de sa modestie, il devait bien savoir que l'usage regarderait tous les hommes, et que la durée embrasserait tous les temps ?

Il y a surtout un point, dont nos censeurs chercheront sans doute à se faire un argument victorieux contre nous, c'est de nous être permis d'in-

terpréter quelques-unes des pensées de Montaigne;
nous nous fondons encore, à cet égard, sur ces
deux passages des *Essais :* « En mes escripts
« mesmes, ie ne retreuve pas tousiours l'air de ma
« premiere imagination : ie ne sçais ce que i'ay
« voulu dire ; et m'eschaulde souvent à corriger
« et y mettre un nouveau sens, pour avoir perdu
« le premier qui valait mieulx. » — « Puisque ie
« ne puis arrester l'attention du lecteur par le
« poids; hé bien, c'est tousiours autant de gagné,
« s'il advient que ie l'arreste par mon embrouil-
« leure. « Voiremais, il se repentira par aprez
« de s'y estre amusé. » C'est mon; mais, il s'y
« sera tousiours amusé. Et puis, il est des hu-
« meurs comme cela, à qui l'intelligence porte
« desdaing; qui m'en estimeront mieulx de ce
« qu'ils ne sçauront ce que ie dis : ils concluront
« la profondeur de mon sens par l'obscurité. »

On conviendra qu'il était difficile de se railler
plus ouvertement, plus complétement, et de soi
et des autres. Mais, il n'appartient qu'au génie
d'en user sans plus de façon envers ses lecteurs,
tant il a le pouvoir de leur faire tout accepter,
ou de les payer du moins avec usure de ce qu'ils
ne pourraient lui faire accepter à lui-même. Ces

paroles de Montaigne nous remettent en mémoire
le mot du grand Corneille : un jour qu'un de ses
amis lui demandait l'explication d'un certain
vers que le public avait accoutumé d'applaudir
à outrance, et que le poëte, après y avoir bien
réfléchi, ne pouvait parvenir à comprendre : Ma
foi, répond-il naïvement, je ne sais trop ce que
j'ai voulu dire, mais ce n'est plus mon affaire ;
cela est écrit, cela est applaudi, libre à chacun
d'y appliquer un sens quelconque ; pourvu que
ce soit un sens profond, je ne saurais manquer
d'avoir fait un vers sublime !

Avons-nous eu le bonheur de prêter un sens
profond aux pensées du maître, alors qu'elles
sont devenues l'objet de nos interprétations? Nos
critiques ne pourront-ils même, en de certains
cas, nous opposer un sens plus ou moins contraire
au nôtre, et nous affirmer que tel est le sens
propre de Montaigne? Mais, leur objecterons-
nous à notre tour, ne venez-vous pas de l'entendre dire avec une rare franchise : « Ie ne re-
« treuve pas tousiours l'air de ma premiere
« imagination ? » Donc, en présence d'un pareil
aveu, sans vouloir contester le moins du monde
la justesse de vos inductions, il ne saurait y avoir,

ce nous semble, de juge irrécusable en ce débat,
si ce n'est Montaigne lui-même; et peut-être
ferions-nous bien de nous garder de son jugement, à moins qu'il ne fût arrivé à l'un de nous
de découvrir en son *embrouilleure* quelque vérité
sublime!

Quant au développement que nous avons jugé
à propos de donner à un assez grand nombre de
ses autres pensées, nous rappellerons à nos lecteurs un fait que signale particulièrement La
Dixmerie; à savoir qu'il faut souvent chercher
à la fin du livre l'objet que Montaigne semble
avoir voulu traiter dans le premier chapitre. Il
y a plus, nous avons maintes fois retrouvé aux
extrêmes limites des *Essais*, tantôt le complément, tantôt la modification de certaines matières
dont il s'était déjà occupé soit au milieu, soit au
commencement même de son ouvrage. Ce sont
donc, le plus ordinairement, les matériaux de
Montaigne que nous avons mis en œuvre, en de
telles occasions, pour compléter, autant que nous
le pouvions faire, toute cette partie de nos *Études*.
Mais, nous avons cru pouvoir, lorsque la nécessité l'exigeait, ne pas nous en tenir à ce seul
mode d'opération. Toutes les fois que l'horizon,

venant à s'élargir à nos yeux, nous présentait
quelque nouveau point de vue moral, propre à
servir de corollaire aux préceptes du maître, nous
avons pensé que nous n'excédions point la franchise de nos droits, en cherchant à éclairer nos
lecteurs, pourvu que nos conceptions ne tendis-
sent qu'à fortifier pour eux les doctrines de
Montaigne.

Nous n'avons fait néanmoins, en cela même,
que profiter de la licence que nous accordait le
moraliste par ces paroles de l'un des trois derniers passages que nous avons cités : « Mes alle-
« gations ne servent pas tousiours d'exemple,
« d'auctorité ou d'ornement; ie ne les regarde
« pas seulement pour l'usage que i'en tire : elles
« portent souvent, hors de mon propos, la se-
« mence d'une matiere plus riche et plus hardie;
« et souvent, à gauche, un ton plus delicat, et
« pour moy qui n'en veulx en ce lieu exprimer
« davantage, et pour ceulx qui rencontreront
« mon air. »

Est-il vrai qu'en ce qui touche ces dévelop-
pements, nous ayons été assez heureux encore
pour *rencontrer l'air* de Montaigne? On ne saurait du moins nous refuser la justice de recon-

naître que, si nous avons largement usé, à cet
égard, de la liberté que nous tenions de Montaigne lui-même, nous ne nous sommes point
montré jusque là téméraire, de vouloir jamais
en abuser.

Pour en venir à nos résumés, qui ne sont pas
la partie la moins importante de nos *Études*, dire
que nous avons souvent réduit vingt pages de
Montaigne aux simples proportions d'un pro-
verbe ou d'une maxime, n'est-ce pas démontrer
suffisamment avec quelle religieuse persévérance
nous nous sommes assujetti à pratiquer cette leçon, la première peut-être que doive s'imposer
quiconque a fait dessein de donner au public un
livre de morale : — Prendre le temps d'être
court?

Il ne nous reste plus qu'à motiver la marche
exceptionnelle que nous avons suivie dans les
deux derniers chapitres de la troisième division
de notre ouvrage. Sans nous préoccuper des raisons qui, bien qu'il vécût en un temps de pur
despotisme, et sous le régime arbitraire du bon
plaisir, portèrent plutôt Montaigne à plaindre la
condition des rois qu'à déplorer l'oppression des
peuples, nous constaterons seulement que, s'il

s'avise quelquefois de rappeler aux souverains leurs devoirs envers les nations, il ne se met guère en peine de soutenir les droits des nations à l'encontre de la tyrannie.

Si donc, prenant à tâche de combler, en nos *Études*, cette lacune du livre des *Essais*, nous nous sommes permis d'emprunter à l'éloquent discours d'Estienne de la Boëtie, sur la *Servitude volontaire*, les éléments qui nous eussent fait défaut dans le livre du maître pour compléter notre ouvrage, à quel titre nous reprocherait-on d'en avoir usé de la sorte, n'eussions-nous eu même en vue que d'honorer un nom que la sainte amitié de notre philosophe a rendu si célèbre, un nom que le monde littéraire a coutume de confondre dans ses sympathies avec celui de Montaigne?

Mais, rappelons ce que disait Montaigne lui-même, en parlant du discours de son frère d'adoption : « Il l'escrivit par maniere d'*Essay* en « sa premiere ieunesse, à l'honneur de la liberté « contre les tyrans. Il court pieça ez mains des « gents d'entendement, non sans bien grande et « meritee recommendation; car il est gentil et « plein, ce qu'il est possible..... C'est tout ce que « i'ay peu recouvrer de ses reliques, moy qu'il

« laissa d'une si amoureuse recommendation, la
« mort entre les dents, par son testament, heri-
« tier de sa bibliotheque et de ses papiers, oultre
« le livret de ses œuvres que i'ay faict mettre en
« lumiere. Et si suis obligé particulierement à
« cette piece, d'autant qu'elle a servy de moyen à
« nostre premiere accointance ; car elle me fent
« montree longue piece avant que ie l'eusse veu, et
« me donna la premiere cognoissance de son nom,
« acheminant ainsi cette amitié que nous avons
« nourrie, tant que Dieu a voulu, entre nous,
« si entiere et si parfaicte que certainement il ne
« s'en lit gueres de pareilles, et entre nos hommes
« il ne s'en veoid aulcune trace en usage. »

On nous objectera peut-être qu'après avoir
ainsi loué ce discours, qu'il appelle — un tableau
riche, poly et formé selon l'art, — Montaigne,
reculant devant l'idée de le publier lui-même,
nous vient faire cet étrange aveu : « Parce que
« i'ay trouvé que cet ouvrage a esté depuis mis
« en lumiere, et à mauvaise fin, par ceulx qui
« cherchent à troubler et changer l'estat de nostre
« police, sans se soucier s'ils l'amenderont, qu'ils
« ont meslé à d'aultres escripts de leur farine, ie
« me suis dedict de le loger icy. »

Comment, dirons-nous, parce qu'il y a des hommes qui font abus des meilleures choses, est-ce donc un motif si puissant, pour tous les autres, de n'en point user? Et d'où provient, en une telle occasion, la pusillanimité de Montaigne, ce hardi penseur en toute espèce de matière, s'il est vrai qu'il doive, quelques lignes plus loin, se prendre à disculper en ces termes les intentions de son ami : « Mais il avait une aultre maxime « souverainement empreinte en son ame, d'obeyr « et de se soubmettre tresreligieusement aux « loix soubs lesquelles il estait nay. Il ne feut « iamais un meilleur citoyen, ny plus affectionné « au repos de son païs, ny plus ennemy des re- « muements et nouvelletez de son temps; il eut « bien plustost employé sa suffisance à les estein- « dre qu'à leur fournir de quoy les esmouvoir « davantage : il avait son esprit moulé au patron « d'aultres siecles que ceulx cy? »

Quel danger Montaigne pouvait-il bien voir à mettre lui-même en lumière ce chef-d'œuvre de logique à la fois et d'éloquence? La justification d'Estienne de la Boëtie ne se trouvait-elle pas loyalement formulée, dans ce passage si péremptoire de son discours : « Il y a trois

« sortes de tyrans; ie parle des meschants
« princes? »

Cela posé, nous ne faisions, ce nous semble,
que nous conformer en quelque façon à l'usage
où l'on est aujourd'hui de donner ce discours à
la suite des *Essais*, lorsque, nous référant au
suffrage de Montaigne et à l'estime de la postérité, touchant la valeur de cette œuvre de génie,
nous l'envisagions comme un appendice auquel
devaient s'étendre nécessairement nos *Études*, et
que nous considérions le résultat de notre *Analyse* spéciale sur l'objet traité par Estienne de la
Boëtie, et mis au contraire, soit involontairement, soit systématiquement, en oubli par notre
philosophe, comme devant être le complément
obligé de notre ouvrage.

On connaît maintenant la fin et les moyens du
livre que nous offrons au public; on a même entendu Montaigne répondre aux objections les plus
graves ou les plus spécieuses qui peuvent y être
faites; quant aux préventions qui viendraient
l'accueillir, on sait qu'il n'est puissance au
monde qui ne risquât de perdre pour le moins
son temps à vouloir combattre des préventions.

Nous sommes, au surplus, bien éloigné de

prétendre que nul autre n'eût été capable de tirer un meilleur parti de notre ouvrage, et ne fût parvenu à le mieux mettre en exécution ; il suffit à notre amour-propre que personne ne doive se croire en droit d'en revendiquer l'idée.

Avec les riches matériaux que, sans crainte de l'altérer et de l'appauvrir, chacun peut détacher de cet impérissable monument que le génie du sage prit soin d'élever à la raison humaine, nous en savons plus d'un qui n'eût point vainement projeté de bâtir un temple à Montaigne : nous avons dû borner notre ambition à lui ériger un autel.

Que si le titre qui nous a paru le mieux convenir à cette œuvre, devait, pour de telles raisons que nous ne saurions prévoir, ne se concilier point l'assentiment de tout le monde, puissions-nous rencontrer, parmi nos lecteurs, quelque nouveau du Perron, de qui la bienveillance daigne nous tenir compte de nos longs et sérieux travaux, et nous autorise du moins à placer au frontispice de notre ouvrage ce modeste intitulé : *Manuel des honnétes gens, par un homme de bien !*

Résumons-nous en deux mots : nous avons

entrepris ces *Études* en vue de populariser la philosophie de Montaigne ; nous les mettons avec confiance sous le patronage des érudits de bonne foi.

# ÉTUDES

SUR

# MONTAIGNE,

## ANALYSE DE SA PHILOSOPHIE.

## PREMIÈRE PARTIE.

### CHAPITRE Ier.

#### DE DIEU.

Le vrai moyen de juger sainement des choses du ciel, c'est de s'abstenir de vouloir en juger.

— Il n'y a point de matière dont nous ne soyons plus pertinemment en état de discourir que de la nature divine. Toutes lumières à cet égard, hormis celles que l'homme a reçues de Dieu même avec la foi, ne sont et ne peuvent être que doute, erreur ou folie.

—Rien du nôtre ne peut s'assimiler, sous aucun rapport que ce soit, à la nature divine, qu'il ne l'entache

8

d'autant d'imperfection. La raison nous dit entre autres que rien ne se fait de rien, et nous en concluons
que Dieu n'a pu bâtir le monde sans matière; comme
s'il nous avait mis en main, par l'octroi même de
cette raison, la clef et les ressorts de sa puissance.
Nous savons, en outre, que le corps humain ne peut
voler aux nues; que le soleil accomplit sa course de
chaque jour, sans que nous ayons le pouvoir d'en
retarder un seul instant la marche régulière; que les
bornes de la terre et des mers ne peuvent se confondre; que l'eau est instable et sans fermeté; qu'un
mur intact et sans fissure est impénétrable à un corps
solide; que l'homme ne peut vivre dans les flammes,
ni se trouver tout à la fois et au ciel, et sur la terre,
et en mille lieux de l'univers. Voilà nos règles et nos
limites; mais, c'est pour nous, et non pour lui, que
Dieu les a faites; mais, c'est nous, et non pas lui,
qu'elles enchaînent; et c'est à faire aux chrétiens,
que de témoigner comment, lorsqu'il lui plaît, il
n'en est point qu'il ne puisse franchir. En effet, pourquoi Dieu, l'être doué de toute force et de toute puissance, se serait-il donné à lui-même des entraves?
Et de qui donc, en pareil cas, aurait-il fait choix,
pour se dessaisir en faveur de ce nouveau lui-même,
des moindres bénéfices de son privilège? Mais, supposer qu'infini et immuable comme il l'est, il aurait
pu restreindre à une certaine mesure, et transporter
même à autrui les attributs quelconques de sa divinité, n'est-ce pas admettre qu'il lui aurait été pos-

sible de changer à son gré les conditions de sa nature? Or, bien qu'il soit vrai de dire qu'il n'y a rien
d'impossible à Dieu, s'il est un fait pourtant qu'il
semble permis, non seulement à la plus haute raison
de ne pas comprendre, mais à la foi la plus robuste
de ne pas accepter, c'est assurément ce fait étrange :
que Dieu puisse vouloir, et qu'il doive pouvoir cesser
d'être Dieu.

Quelle pitié que l'homme, dont la main ne saurait
forger un âtome, ni le souffle animer un ciron, s'a-
buse à ce point sur les rêves de son imagination,
qu'il ose, l'insensé, s'attribuer un privilège interdit
à Dieu même; à savoir, celui de faire des dieux!
Comme les enfants s'effraient à la vue de leur compagnon, qu'ils croient avoir changé en un être puissant et redoutable, parce qu'ils se sont pris, dans
leurs jeux, à lui barbouiller le visage; ainsi les
hommes tremblent et s'humilient devant leur sem-
blable, persuadés qu'ils sont d'avoir logé en lui une
âme divine, parce qu'ils l'ont placé là, sculpté en
marbre ou coulé en bronze, sur ce piédestal [qui
l'élève de deux ou trois coudées au-dessus de leur
tête. Singulière façon d'honorer celui qui les a faits,
que d'honorer celui qu'ils ont fait! Étrange manifestation de gratitude envers le Créateur, que ce culte
d'idolâtrie qu'on les voit porter aux pieds de la créature!

## CHAPITRE II.

### DE L'HOMME.

Il n'est donné à la nature humaine de rien goûter de pur, ni de rien créer de parfait. Il ne lui est donné d'éprouver ni de produire bien si grand, qu'il soit exempt de tout mélange de mal. Aussi, l'homme, à le prendre au point même le plus élevé de ses perfections physiques et morales, n'est-il, en tout et partout, que rapiécement et bigarrure.

— Une de nos erreurs les plus communes, c'est d'apprécier les hommes, non par les qualités qui leur sont personnelles, mais par les avantages qu'ils tiennent de la fortune : c'est le fourreau que nous estimons, et non l'épée; c'est le harnois qui nous séduit par son éclat, et non le coursier par sa vigueur et par son adresse.

— Il entre ordinairement plus d'amour-propre que de droit sens, plus d'opiniâtreté que de saine raison, en cela même que les diverses sectes philosophiques s'opposent les unes aux autres, comme ce qu'elles tiennent pour le dernier mot de la souveraine sagesse :

quelque personnage que l'homme entreprenne, il joue toujours le sien parmi.

— Il n'est pas nécessaire de courir bien loin ni de monter bien haut, pour trouver de grand exemples, qui nous puissent devenir des leçons plus ou moins profitables. Le bien et le mal, le vice et la vertu; enfin, toutes les passions bonnes ou mauvaises se reproduisent partout les mêmes, sur quelque point du monde social qu'il nous arrive d'arrêter nos regards. On attache aussi-bien toute la philosophie morale à une vie populaire et privée, qu'à une vie de la plus riche étoffe : chaque homme porte avec soi la forme entière de l'humaine condition.

— Il n'y a point de mouvement, point d'occupation par quoi l'homme ne soit sujet à se découvrir tout entier. Qui veut se flatter de le bien connaitre, doit le prendre moins peut-être dans ces hautes régions de la vie, où l'âme est le plus en butte au souffle impétueux des passions, que dans le train ordinaire des choses humaines, où elle va pour ainsi dire son pas simple, sans qu'on la voie, que rarement du moins, quitter le terre à terre.

Il faut lier les hommes par de telles lois, les enchaîner par de telles règles, les contenir par de telles entraves, qu'ils ne puissent rien entreprendre les uns

contre les autres, sans risquer de se nuire en même
temps chacun à soi-même; car, pour le peu de liberté qu'ils se sentent au-delà de ce que la nature et
la justice leur donnent vraiment droit de prétendre,
vous les voyez aussitôt qui en abusent; et, alors, il
n'y a bête au monde tant à craindre à l'homme que
l'homme.

Plaindre ou haïr l'humanité, c'est l'estimer un certain prix, et lui donner au-delà de ce qu'elle est en
droit d'obtenir. Il y a encore plus de vanité en nous
que de misère, et plus de sottise que de malignité.
Celui donc qui ne nous reconnait que des ridicules,
et ne nous réserve que des dédains ou des moqueries,
témoigne par là qu'il ne croit devoir aux hommes
qu'à proportion de ce qu'ils valent : c'est, en effet, les
apprécier à leur plus juste valeur, et les traiter le
plus conformément à leur mérite, que de ne leur accorder, à la façon de Démocrite, que des rires et des
mépris.

Considérons l'homme éclairé de ses seules clartés,
et armé de ses seules armes, c'est-à-dire l'homme
dépourvu des lumières de la foi, et des secours de la
grâce divine : qu'est-ce que l'homme en ce bel équi-
page? un nain qui se croit un géant, sur cette folle rêverie, que l'univers est fait à sa taille; une chétive et

misérable créature qui s'arroge la maîtrise du monde, sur cette ridicule persuasion, qu'il n'y a rien de si merveilleux dans la nature, qu'elle ne puisse envisager comme étant établi pour son intérêt propre, et comme ayant pour unique fin sa plus grande félicité! Or, l'entendez-vous qui s'écrie : à moi ce branle admirable de la voûte céleste! à moi la splendeur éternelle de ces flambeaux roulant si majestueusement au-dessus de ma tête! à moi les mouvements impétueux de cette mer en furie, dont les tempêtes sont à la fois de grands et beaux spectacles pour mes yeux, et de mâles et nobles concerts pour mes oreilles! à moi, enfin, toute cette magnifique harmonie de la matière organisée, mais sans intelligence, qui se meut aveuglément, depuis tant de siècles, pour moi l'être intelligent et raisonnable, pour moi l'être fort et puissant, pour moi le maître, pour moi le roi de la création! Examinons, pourtant, ces rares avantages qu'il pense avoir sur les autres créatures, et sachons quelle en est au juste la valeur et la consistance : ô pitié! le plus petit atome, quelque chose d'invisible et d'impalpable, mêlé à l'air qu'il respire, en voilà assez pour le frapper droit au cœur, et pour le jeter roide par terre; en voilà assez pour anéantir si subitement ce colosse, que, par l'impossibilité de rappeler un seul instant ses esprits, et d'entrevoir, dans la fragilité même de sa vie présente, le présage consolant d'une vie à venir, il lui arrive, hélas! de mourir sans espoir, après avoir vécu sans croyance!

# CHAPITRE III.

### DE L'AME ET DU CORPS.

Point de communauté entre l'âme et le corps, plus d'ensemble chez l'homme, plus d'harmonie, et, partant, plus de dignité.

— La saine philosophie ne s'occupe pas de l'homme moral à l'exclusion de l'homme physique; elle veut que le sage prenne soin de son corps en même temps que de son âme, qu'il ait l'appétit aussi délicat que le jugement, et que, soumis aux lois de l'humaine condition, il ne se montre pas moins expert et moins entendu dans l'usage des voluptés naturelles, que dans l'accomplissement des devoirs quelconques de la vie. C'est aux âmes faibles et incomplètes, que fait plier le fardeau des affaires, de ne pouvoir facilement et les laisser et les reprendre; mais, le relâche sied bien aux âmes fortes et puissantes, et toutes les actions honnêtes honorent également le sage. Permis à l'âme, lorsque le corps est malade, de se tenir à l'écart, afin de se soustraire au danger de la contagion; mais, autrement, qu'elle l'assiste dans ses plaisirs, et sache s'y complaire, en y apportant au besoin la modéra-

tion, de crainte que l'abus n'entraîne les regrets. Le
vrai sage est celui qui, sans faire mépris de sa nature d'homme, use de la vie comme d'un bien qu'il
a reçu, à la charge d'en jouir suivant les règles de la
prudence et de la raison.

— La nature, dans son active prévoyance, a voulu
que nos besoins devinssent la source de nos plaisirs.
Qu'elle est donc injuste la science qui, au mépris des
lois de notre condition, voudrait nous faire abandonner la culture de nos sens, et nous rendre, par la
révolte de l'âme contre le corps, d'aveugles ennemis
de nous-mêmes! Nous ne devons prendre les voluptés naturelles ni trop à cœur, ni trop à contre-cœur,
c'est-à-dire non plus les fuir que les poursuivre; il
nous faut les attendre et les recevoir. Mais que, d'une
autre part, nous nous en exagérions la stérilité, au
point de ne croire pas vivre, si nous ne les dédai-
gnons, pour nous livrer aux intérêts plus vides et
plus stériles encore de l'ambition ou de l'amour-
propre : ne sommes-nous pas de grands fous! Sachons régler et manier notre vie, nous aurons fait la
plus grande des besognes : composer nos mœurs, et
non des livres, gagner, non pas des batailles; mais la
paix de notre conscience, voilà surtout la tâche que
nous a imposée la nature.

—Il n'y a, dans le présent que Dieu nous a fait de
l'âme et du corps, rien, non plus la matière que l'es-

prit, qui soit indigne de nos soins. De ce que nos plaisirs résultent essentiellement de nos besoins, s'ensuit-il que nous devions mépriser aucune des actions que le Créateur nous a rendues nécessaires? Loin de là, respectons, entretenons même, autant qu'il dépend de nous, l'étroite alliance qu'il a si convenablement établie entre nos facultés : que l'esprit éveille et vivifie la pesanteur du corps; que le corps arrête, à son tour, et fixe la légèreté de l'esprit. Ce n'est pas un office que Dieu nous ait concédé, c'est une loi qu'il nous a impérieusement imposée, que la nécessité pour l'homme de conduire l'homme, suivant les principes de son organisation. Que cherchons-nous à nous élever au-dessus de nous-mêmes? c'est en se soumettant à la volonté de Dieu qu'on devient supérieur aux autres hommes; c'est en jouissant sagement et honorablement de son être, qu'on atteint presque à la perfection divine. Les plus belles vies sont celles qui, sans tenter de miraculeux efforts, se meuvent avec ordre dans le cercle des conditions humaines.

C'est le propre des âmes faibles et maladives, que cette vertu chagrine et morose, qui se persuade qu'il n'y a de vrai bonheur que dans la tristesse ; vertu hargneuse et haïssable, qui, prenant le contre-pied des conditions et des habitudes humaines, censure indistinctement toutes les joies du monde, et semble

devoir être mise au nombre des fléaux les plus into-
lérables de la société.

❋

Nous nous montrons, au milieu même des biens
du présent, si ingénieux à nous préoccuper des maux
de l'avenir, que la plupart des facultés de notre âme,
par l'étrange emploi que nous en faisons et alors et
toujours, servent bien plutôt à ébranler qu'à affermir
le repos de notre vie.

❋

Quelle folie n'est-ce pas à l'homme de chercher,
par mille fantastiques projets de gloire et de renommée, à perpétuer son souvenir sur la terre, où tout
doit un jour prendre fin comme lui, tandis que, moins
impatient de son avenir, il pourrait, descendant à
toute heure au fond de son âme, y puiser à la fois,
sans trouble et sans effort, le mépris d'un vain trépas
et l'espérance d'une vie éternelle!

❋

Tel est l'excès de la douleur qu'on éprouve en certains accidents, que l'âme et le corps, également en-
gourdis par la force du mal, cessent à la fois l'une
de connaitre et l'autre de sentir : cela donc, doit-on
proprement l'appeler un mal, et ceux qu'il affecte,
aurait-on vraiment raison de les plaindre? Ne plus
rien sentir et ne plus rien connaitre, n'est-ce pas,
pour l'âme et pour le corps, l'équivalent de n'être pas?

# CHAPITRE IV.

## DES SENS.

C'est par l'entremise des sens que toutes les connaissances s'acheminent en nous ; et tels paraissent fondés en raison , qui disent que la science n'est autre chose que le sentiment.

— L'homme a-t-il été pourvu de tous les sens qui existent dans la nature, et s'il avait partagé ceux, entre autres, dont paraissent doués certains animaux, son intelligence, aussi parfaite alors qu'elle était susceptible de le devenir ; ne l'aurait-elle point mis, par la découverte de ce qu'on nomme les propriétés occultes des choses naturelles, jointe à l'appréciation de toutes les causes déjà connues, en état de donner un corps à cette foule de vérités, dont il semble que, dans l'insuffisance de ses facultés , il ne lui ait été permis d'entrevoir quelques apparences, que pour lui laisser le regret de n'en pouvoir pénétrer l'essence et la réalité?

— L'autorité que les sens exercent sur la raison humaine est si active, si puissante, si irrésistible, que, bien que nous sachions, même par expérience, que telles impressions, qu'ils nous contraignent parfois à recevoir, sont mensogères, n'est-ce pourtant qu'à grand'peine que nous parvenons à nous soustraire momentanément aux illusions, sous l'empire desquelles ils tiennent notre intelligence comme enchaînée.

— Il existe entre l'âme et les sens comme une lutte continuelle de mensonge et de tromperie, qui, résultant de l'organisation particulière des derniers ou de la disposition accidentelle de la première, les rend dupes en quelque sorte, tantôt l'âme des fausses apparences que ne laissent pas de lui apporter les sens, tantôt les sens des métamorphoses que ne font que trop souvent subir à leurs perceptions les perpétuelles vicissitudes de l'âme : d'où il suit que, plongé sans cesse dans les ténèbres du doute et de la rêverie, l'homme, sur quelque objet que s'exercent les facultés de son entendement, ne saurait trouver le plus ordinairement, soit en lui, soit hors de lui, que causes de méprise et de trouble, que sources d'incertitude et d'erreur.

— Comme l'âge et la santé, dans leurs continuelles variations, tendent à changer, soit en bien, soit en mal, l'apparence que nous recevons des objets par l'entremise des sens, il en résulte qu'il n'y a rien de

moins certain pour nous que l'économie de nos perceptions. Il y aurait donc folie, d'une part, à compter plus qu'on ne le doit sur le rapport des sens, et,
d'une autre, à vouloir fonder sur un pareil témoi-
guage aucune vérité arrêtée, aucun jugement inva-
riahle.

— L'intelligence humaine est sans communication
directe avec les objets extérieurs; elle ne peut les connaître, elle ne peut les apprécier que par l'intermé-
diaire des sens. Or, les sens transmettent à l'âme,
non pas les qualités proprement dites du sujet qui
les affecte, mais la simple apparence de ces qualités,
sans garantie de ressemblance, ni quelquefois même
de réalité; en outre, comme il n'y a rien de constant,
rien d'immuable dans la nature, et que toutes choses,
au contraire, y étant soumises à un perpétuel changement, ne cessent, loin d'avoir une existence réelle
et permanente, de tenir en quelque sorte le milieu
entre le *naître* et le *mourir,* il s'ensuit que la raison,
qui, d'ailleurs, ainsi que les sens, n'est souvent qu'un
instrument imparfait et partant infidèle, doit, lorsqu'elle vient à vérifier l'exactitude des jugements
qu'elle a formés sur le rapport des sens, reneontrer,
à chaque épreuve, de nouveaux objets, dont des sens
également nouveaux ne sauraient lui apporter que de
nouvelles apparences, propres à provoquer à leur
tour de nouveaux jugements.

Nul n'est vraiment digne du nom d'homme, qu'autant qu'il a pris sur soi-même assez d'ascendant pour n'obéir plus aux lois de la nature, que sous le bon plaisir des lois de la raison.

●

La raison humaine, tant il arrive même au sage d'en confondre à toute heure et sur tout point l'us et l'abus, est comme une arme enchantée, dont les vertus et les effets magiques changent et varient à l'infini, selon la vigueur et la dextérité de celui qui la manie et l'agite.

— Ce sont, hélas! disons-nous, les attributs de la fortune, que l'inconstance et la diversité! mais, nous devrions bien réfléchir qu'elle n'est, cette fortune, en toute sorte d'occasions, ni plus légère ni plus variable que la raison humaine.

●

Celui qui prétend imposer ses jugements et ses opi-

nions à autrui, et les lui faire adopter sans débat et
sans contrôle, sur la foi de sa seule expérience, c'est-
à-dire d'après l'examen plus ou moins approfondi
qu'il en a pu faire, celui-là donne à entrevoir le peu
de croyance qu'il y a lieu d'accorder à ses discours,
et ne laisse pas de démontrer combien la raison y est
faible.

Nous regardons moins au fond qu'à la forme des
individus; et ce qui règle la mesure soit de l'attachement que nous leur portons durant leur vie, soit des
regrets dont nous entourons leur mémoire, quand il
nous arrive de les perdre, c'est, non pas leur mérite
propre et essentiel, mais le concours de certaines
qualités extérieures, qui frappent et subjuguent nos
sens, plutôt qu'elles ne touchent et ne persuadent
notre raison.

Lorsqu'on voit certains animaux faire la distinction
du bien ou du mal, jusqu'au point de rechercher ou
d'éviter, à leur préjudice même, ce qui peut être utile
ou nuisible à ceux-là qu'ils servent, comment comprendre, comment s'expliquer de pareils phénomènes, si on ne les considère comme provenant d'une
nature qui pense et qui raisonne?

## CHAPITRE VI.

### DE L'ESPRIT HUMAIN.

C'est une étude plus épineuse qu'on le pense que celle de l'esprit humain, mais une étude toujours si nouvelle, toujours si attrayante, qu'elle nous détourne des occupations les plus frivoles, et des devoirs même les plus utiles et les plus considérés de ce monde.

❋

C'est un grand artisan de miracles que l'esprit humain.

— Il n'y a croyance si puérile ni si extravagante, qui ne semble pouvoir entrer dans le domaine de l'esprit humain.

Notre entendement n'a pas moins de souplesse et d'élasticité que les matières dont il s'empare, et qu'il façonne et modifie, suivant les formes que lui font prendre tour à tour à lui-même les intérêts divers qui le dominent. De là ce conflit et ce tumulte d'opi-

nions de toutes sortes, d'où sont nées les différentes
sectes de la philosophie; de là telle école attribuant,
par orgueil, à l'esprit humain la capacité de toutes
choses, et telle autre lui refusant, par dépit et par
rivalité, l'intelligence même des moindres choses;
mais toutes, d'ailleurs, se montrant extrêmes, soit
qu'elles tiennent pour la science, soit qu'elles se dé-
clarent pour l'ignorance, comme s'il s'agissait de
prouver à l'envi que l'homme est immodéré en tout,
et qu'il ne s'arrête que devant la nécessité, quand
elle lui oppose des obstacles insurmontables.

❋

C'est une preuve de simplesse et d'ignorance, que
d'être prêts à recevoir, sans examen, toute persuasion
quelle qu'elle soit et de quelque part qu'elle nous arrive; mais c'est un témoignage de présomption et
même de folie, que de vouloir restreindre les limites
du vrai et du faux, du possible et de l'impossible, au
cercle étroit de notre intelligence.

❋

Trop d'étude embarrasse l'esprit.

— La contention de l'esprit nuit à son action.

— Quand l'attention devient contention, c'est presque toujours aux dépens de notre liberté physique et
intellectuelle.

— Il faut que l'esprit sache rester, autant que cela
dépend de lui, maître de quoi que ce soit qu'il entreprenne : charges et devoirs, jeux et plaisirs, ce qu'il
doit prendre soin d'éviter, en toute espèce d'affaire,
c'est que la passion ne le domine ; où l'impétuosité du
désir l'éblouit et l'emporte, adieu le jugement et la pé-
nétration, et la vigueur et l'habileté, adieu enfin toutes
les ressources de l'intelligence, qui ne peuvent ré-
sulter que du calme parfait de l'âme. Nous conduisons
mal la chose qui nous possède et nous conduit ; et, à
moins que la fortune ne nous seconde, nous n'avons
plus guère à compter sur rien, dès-lors que, nous
abandonnant à la violence de toute agitation téméraire, nous nous laissons ravir, par cet emportement,
le moyen de pouvoir compter sur nous-mêmes.

＊

Il n'y a point de genre d'esprit plus sot et plus fas-
tidieux que celui qui, prenant la vie commune pour
un champ de parade, se croit tenu d'y faire habituellement assaut de force et de subtilité. Parler avec simplicité, mais toujours avec ordre, et savoir affecter
au besoin l'ignorance, c'est le plus sûr moyen de se
mettre à la portée de tout le monde ; et c'est justement
là que viennent échouer les savants, lorsqu'à l'envi
les uns des autres, ils vont semant partout leurs livres,
et qu'à chaque pas et sur le moindre propos, ils ne
laissent point de se prévaloir magistralement de l'excellence de leur raison et de l'autorité de leurs lumières.

---

# CHAPITRE VII.

## DU JUGEMENT.

Il semble que ce soit plutôt le propre de l'esprit d'avoir son action prompte et soudaine ; et plutôt le propre du jugement de l'avoir lente et mesurée.

❂

La vue de notre jugement se rapporte à la vérité, dit Aristote, comme l'œil du chat-huant se rapporte à la splendeur du soleil.

❂

Il n'y a personne qui ne se montre satisfait de son jugement, et cela vient de ce qu'il n'est donné à qui que ce soit, au moral non plus qu'au physique, de voir au-delà de sa vue.

— Nous abandonnons volontiers, et à chacun selon son droit, toute autre espèce de supériorité ; mais, quant au jugement, nous prétendons bien n'en céder l'avantage à personne.

— C'est donner la meilleure preuve de son juge-

ment, que de reconnaître qu'on a pu manquer de
jugement.

Il n'y a rien qui puisse nous offrir tant et de si
merveilleux avantages, pour agrandir et pour éclaircir
la vue de notre jugement, que la fréquentation des
hommes et le commerce du monde.

— Le monde est un livre où nous devons nous étudier, un miroir où nous ne saurions manquer d'apprendre à nous connaître.

— Ce n'est point choisir la plus vaine et la plus stérile
des conditions de ce monde, que d'y demeurer spec-
tateurs attentifs de la vie des autres hommes, afin de
juger sur quels modèles il nous est le plus souhaitable de régler la conduite de notre propre vie.

Rien que d'imparfait ici-bas, et notre jugement et
toutes les choses dont il juge : c'est beaucoup, néanmoins, si nous parvenons à reconnaître combien tout
ce qui fait l'objet de la vanité et de la convoitise
des hommes, a peu de consistance et de stabilité ; car
nous apprenons, de la sorte, à nous tenir doublement
en garde contre les atteintes de l'orgueil et de l'ambition.

❂

Celui-là seul mesure les choses selon leur juste grandeur, qui se représente, non pas soi, ni même un royaume, mais la terre prise en son entier, comme un point imperceptible, au milieu de ce concours de mondes incommensurables, dont se compose l'ensemble infini de l'univers.

❂

Telle est l'exiguité de notre vue intellectuelle, que nous envisageons comme un effet du courroux céleste contre la race humaine, comme le dernier mot de la justice de Dieu sur les crimes de l'univers, non pas seulement les calamités plus ou moins durables de notre mère patrie, mais encore les malheurs passagers du village que nous habitons.

❂

A nouveaux temps et à nouvelles affaires, nouveaux conseils.

# CHAPITRE VIII.

## DE LA SOTTISE.

Nul n'est exempt de dire des sottises; le malheur est de les tenir et de les donner pour des traits d'esprit.

●

Discuter sérieusement avec un sot, c'est mettre tout à la fois en péril notre jugement et notre conscience.

— C'est le naturel des sots d'être vains, tranchants, opiniâtres et incorrigibles : il y a de certains esprits que la discussion calme et rafraîchit, à mesure qu'elle les éclaire; il y en a d'autres, au contraire, que nulle évidence ne saurait éclairer ni convertir, et que les contradictions irritent même, et échauffent à un tel point, qu'on ne les voit jamais plus ardents à engager une nouvelle dispute, que lorsqu'ils sortent tout froissés et tout meurtris de quelque rude assaut de controverse.

— La sottise trouve quelquefois dans sa mémoire des mots heureux, qu'elle aventure sans en connaître la portée, et qui n'acquièrent de valeur que par le soin que nous prenons de les mettre en crédit. Gardons-nous de lui prêter secours, ces éclairs passeront inaperçus : c'est duperie que lui servir d'interprète; elle ne manquerait pas de se prévaloir de cet avantage, et de faire trophée des lumières d'autrui, sauf à n'en devenir ensuite ni plus sage ni moins inepte. C'est peine également perdue, que de s'attacher à combattre ses erreurs; laissez-la, pour peu que sa vanité l'aveugle, s'engager dans cette matière qu'elle ne possède pas, et vous la verrez incontinent s'y embourber et s'y perdre. La malice, en pareille aventure, est un péché de bon aloi : l'outrecuidance, cette verve des sots, laquelle, s'échauffant par la contradiction, fait paraître ces gens si satisfaits d'eux-mêmes, impose communément au vulgaire, et finit presque toujours par entrainer les suffrages de la multitude ; ce que peut donc faire de mieux un homme de quelque mérite, en présence d'un sot qui parle, c'est de se taire : l'opiniâtreté à soutenir ses opinions est le caractère distinctif de la bêtise : que tenterions-nous de l'éclairer? Grave et important, résolu et dédaigneux, l'âne, de sa nature, est un animal indisciplinable.

◉

C'est un assez mince avantage que celui d'être tenu pour habile homme dans ses écrits, si, hors de là, on ne doit plus passer que pour un sot.

Triste condition de la sottise : elle ne peut se passer de biens acquis, et ne sait point régler l'usage de ses richesses.

---

# CHAPITRE IX.

### DE LA MÉMOIRE.

C'est un instrument d'une merveilleuse utilité que la mémoire, et sans le secours duquel on court parfois grand risque de paraitre manquer de jugement.

— La mémoire reçoit et conserve le dépôt des connaissances humaines, mais le plus utilement, sans contredit, en ce qui regarde l'usage absolu de la vie. Déshéritez l'esprit humain de ce don précieux du souvenir, et non seulement allez-vous, en le dépossédant, par cela même, de ces deux maitresses facultés, la réflexion et l'imagination, étouffer aussitôt dans leur principe toutes les merveilles des sciences et des arts, toutes les découvertes et toutes les inventions utiles ou glorieuses, en un mot toutes les prospérités et toutes les félicités du monde ; mais, ne faites doute que, parquant ainsi

l'humanité entre l'oubli du passé et l'imprévoyance de
l'avenir, vous ne la réduisiez de la sorte à moins d'instinct qu'il n'en est donné à la brute, pour subvenir aux
premiers besoins de la nature, et ne la condamniez dès-
lors à tant de misères et de souffrances, qu'à force de
la décimer sans merci chaque jour, elles finissent bientôt par l'anéantir fatalement tout entière.

## CHAPITRE X.

### DE LA MÉDITATION.

Il n'y a point d'exercice plus puissant et plus profitable, pour quiconque de nous sait s'y employer vi-
goureusement, que celui de descendre au fond de
nous-mêmes, et de nous entretenir avec nos pensées.
En effet, c'est une chose de peu de considération, que
d'agrandir notre esprit par la science, si nous ne songeons encore à le fortifier par la réflexion. Il est donc
vrai de dire que la méditation est le premier besoin
et comme la vie des grandes âmes; car, penser et vivre,
ce n'est pour elles qu'une seule et même chose. La
méditation, suivant Aristote, est la plus douce occupation des dieux; et c'est de là que naît leur béatitude
aussi-bien que la nôtre.

# CHAPITRE XI.

### DE L'ESPRIT D'INVESTIGATION.

Le monde n'est qu'une école d'investigation, mais où il s'agit moins de faire preuve d'un vrai savoir, que de faire étalage d'une vaine éloquence; où, pourvu qu'on frappe fort, peu importe qu'on frappe juste ; où, enfin, soit qu'on dise vrai, soit qu'on dise faux, on peut passer ou pour savant ou pour ignorant, selon qu'on possède ou non l'art de bien dire.

Nous nous montrons plus curieux de remonter aux causes des biens que la Providence a destinés à notre usage, et d'en pénétrer l'origine et l'essence, que de jouir, sans autre examen, des effets qu'ils pro-

vons en retirer pour notre bien-être. Plaisant amour de la science, qui nous fait accepter et soutenir les opinions les plus erronées, avant que nous songions que la vérité palpable des choses d'ici-bas, est le seul point qui devrait nous toucher, et qu'il n'y a souvent qu'incertitude à vouloir surprendre la nature dans ses moyens, et déception à se flatter de la suivre dans ses conséquences.

Les hautes et subtiles spéculations de la philosophie sont peu propres à nous donner, soit cette obéissance passive et résignée si nécessaire, avant toutes
choses, au maintien de l'ordre public, soit cette ap-
titude d'imitation et de routine, qui, prête à régler
tous ses projets sur les leçons de l'expérience, sait
d'ailleurs que le succès des entreprises humaines dépend moins, en grande partie, des volontés éclairées
de l'homme, que des caprices de la fortune. Pour
l'intérêt particulier comme pour l'utilité générale de
la vie ordinaire, on ne saurait donc mieux l'entendre,
que de préférer les résultats connus de la plus vulgaire pratique, aux essais toujours incertains de la
plus brillante théorie.

Vivre suivant les lois divines et humaines, sans
vouloir interpréter les unes, ni juger et contrôler les
autres, c'est conquérir à peu de frais une tranquillité,
dont l'existence est incompatible avec les doutes, les
scrupules et les préjugés de l'esprit d'investigation.

# CHAPITRE XII.

### DE L'IMAGINATION.

L'imagination, que-l'homme considère comme un avantage qui le distingue essentiellement de tous les autres animaux, mérite peu, néanmoins, qu'il s'en orgueillisse d'un privilège d'où naissent la plupart des maux qui troublent son existence.

Nous n'avons point de faculté qui nous agite plus dans tous les sens ; point qui nous cause, à tort ou à raison, tantôt plus de joies, tantôt plus de peines; point, en un mot, qui nous porte soit à plus de bien, soit à plus de mal, que l'imagination.

Il est vraisemblable que le principal crédit des visions, des enchantements et de tels effets plus ou moins merveilleux, résulte de l'empire de l'imagination, dont la force agit le plus puissamment sur les âmes molles et souples du vulgaire; on lui a si fort saisi la créance, qu'il pense voir ce qu'il ne voit point, et veut

souvent faire voir aux autres ce que bien certainement
il ne peut voir lui-même.

---

# CHAPITRE XIII.

## DE LA FAIBLESSE HUMAINE.

C'est un sujet bien vain, bien divers, et bien on-
doyant que l'homme, un sujet touchant lequel ce parait être une chose malaisée que d'établir aucun jugement constant et uniforme.

— L'inquiétude et l'irrésolution sont les maîtresses
qualités de l'homme, c'est-à-dire celles qui le dominent et le gouvernent.

Il entre dans les conditions de la nature humaine
d'aimer le changement et de courir sans cesse après la
nouveauté; mais, ceux qui, par un excès contraire, se
complaisent en eux-mêmes, sans rien supposer de
mieux que ce qu'ils voient, sans rien estimer tant que
ce qu'ils possèdent, s'ils ne sont plus avisés que nous,
et ne nous rendent jaloux de leur sagesse, nous donnent lieu tout du moins d'envier leur bonheur.

— Ce penchant irrésistible, qui, nous entraînant à changer sans cesse et comme à notre insu de goût, d'avis et de conduite, nous rend incapables de discerner les biens propres à assurer notre bonheur, d'y asseoir fermement notre choix, d'y fixer, en un mot, la détermination de toute notre vie, est une preuve incontestable de la faiblesse de nos organes, de l'imperfection de notre nature.

— C'est parfois bien choisir, que de ne pas choisir.

— Il n'y a, pour l'homme, dans l'impuissance où il se trouve, en toute occasion, de discerner ce qui lui est le plus utile et le plus commode, qu'un seul parti à suivre : celui de l'honnêteté et de la justice ; qu'une seule route à prendre : non la plus courte, puisqu'il est peu certain de la reconnnaître, mais la plus droite, puisqu'il est en son pouvoir de toujours la tenir. (*a*

Il y a peu de choses dont nous puissions juger sainement ou sincèrement, parce qu'il y en a peu dans lesquelles nous n'apportions une sorte d'intérêt propre qui nous aveugle.

—Il n'y a rien de si laid, de si vicieux, de si antipathique à nos goûts et à nos habitudes, qui, par quelque événement fortuit et imprévu, ne nous puisse devenir acceptable : tant nos humeurs et nos opinions ont peu d'assiette; tant le moindre changement de nos intérêts suffit pour modifier nos sentiments et nos résolutions.

❀

On dirait qu'il y a en nous deux espèces de nature fort distinctes, dont l'une ne peut se détacher de ce que l'autre condamne et rejette.

❀

Nous avons, tous tant que nous sommes, quelque qualité physique ou morale qui prédomine en chacun de nous sur toutes les autres, mais dont l'empire n'est pas tellement constant, tellement absolu, que ces dernières ne ressaisissent parfois l'avantage que tend continuellement à s'arroger la première; de sorte qu'il n'est pas rare, par exemple, de nous voir rire et pleurer presque au même instant d'une même chose, comme il nous arrive de plaindre la mort d'une telle personne, que nous regretterions peut-être de savoir encore en vie : c'est ainsi qu'agitée sans relâche de sentiments divers, s'écoule notre fragile existence, triste jouet des passions qui nous gouvernent, et plus encore de la fortune qui se rit sans pitié de nos passions, non moins que des vains projets qu'elles nous font sans cesse enfanter.

❀

Passer du doute à la certitude, puis, de la certitude, revenir au doute, n'est-ce pas établir, en quelque sorte,

qu'il n'y a rien de certain en ce monde que l'ineer-
titude ? Telle est pourtant la destinée de l'homme,
que, durant le cours entier de son existence, il change
à tout moment d'opinions et de conduite, sans pouvoir jamais dire s'il s'estime meilleur dans un temps
que dans un autre : il ferait beau vieillir, si, à mesure que nous avançons en âge, nous nous achemi-
nions vers notre amendement.

●

Comme les variations de l'âme suivent pour l'ordinaire celles du corps, et que le corps est sujet à de
perpétuelles révolutions, il en résulte qu'il ne nous
arrive presque jamais de voir les mêmes matières sous
le même point de vue, et qu'il n'y a rien de moins
certain que les découvertes de notre esprit, et de
moins positif que les affirmations de notre jugement.
De là cette versatilité des opinions humaines, qui, su-
bordonnées aux lieux et aux temps où nous vivons,
diffèrent d'ailleurs : soit d'homme à homme, suivant
la diversité du tact inhérent à la nature de nos communes facultés, ou la dissemblance des goûts et des
inclinations provenant de la disposition particulière
de ces mêmes facultés, en tant qu'elles nous sont personnelles; soit dans un seul et même individu, suivant les impressions qui l'affectent tour à tour, ou les
passions qui se développent en lui aux différentes époques de la vie, sans compter, avant toutes choses, les
changements de bien en mal et de mal en bien, par

lesquelles l'homme ne cesse de passer, à des époques plus ou moins rapprochées, et même le plus habituellement à son insu, durant le cours entier de son existence. Il faut conclure, de pareils faits, que les vraies lumières ne résident que dans la sagesse éternelle, et que la seule certitude qui soit une pour tous tant que nous sommes, c'est que rien de ce qui vient de l'homme, tant ce qu'il donne que ce qu'il reçoit, n'est et ne peut être qu'incertitude.

Loin d'exiger de l'homme rien qui excède la mesure des facultés humaines, la raison, pourvu que le sage ne cesse de marcher dans les voies de l'honneur et de la justice, permet que, sans crainte de blesser les règles du devoir, il obéisse, dans certaines limites, aux mouvements de la nature. Bien plus, elle lui fait une nécessité de s'échauffer et de s'émouvoir dans les entreprises importantes et décisives, où rester maître de ses sens est une qualité si rare et si notable, qu'on est même surpris de la rencontrer parfois chez ce petit nombre d'hommes privilégiés, dont la haute valeur ne semble pourtant devoir exclure aucune sorte de mérite. En effet, quand la vertu même serait incarnée, comment se la représenter au moment d'escalader une citadelle, sans plus de trouble et d'agitation que s'il s'agissait d'aller se mettre à table? Où chercher, où découvrir tant de sang froid en pareille occasion, à moins qu'on ne s'adresse à l'âme

l'un Alexandre ou d'un Caton, ces hommes demi-
lieux, que l'on vit, l'un près de livrer cette furieuse
bataille d'Arbelles, l'autre sur le point d'en finir avec
sa propre vie, ne s'en tenir en peine non plus que
l'événements ordinaires, jusque là que leur sommeil
n'en fut pas même un seul instant troublé ni inter-
rompu.

C'est à tort qu'on s'opiniâtrerait à vouloir coor-
donner toutes les actions d'un même personnage, pour
les attribuer à quelque plan de conduite qu'il se serait
irrévocablement prescrit, sauf à imputer à dissimula-
tion chaque trait de sa vie qui paraîtrait se départir de
ce principe fixe et universel. Nous ne voulons rien librement, rien absolument, rien constamment, l'irrésolution, ce commun vice de notre nature, ne nous
permettant d'aller vers aucun but déterminé, que nous
n'y soyons entraînés soit par le cours des événements,
soit par la fougue des passions, soit surtout par la
mobilité de nos humeurs qui varient comme les mouvements du temps. Aussi, compterait-on peu d'individus qui, par l'excellence de leurs facultés physiques
et morales, se soient montrés capables de fournir,
sans changer de train et d'allure, toute leur carrière;
adeptes puissants de la sagesse, dont l'enseignement
peut se réduire à cette seule et unique leçon : *Vouloir
et ne vouloir pas toujours une même chose, pourvu
que notre volonté ne blesse en rien les préceptes de la*

*justice.* L'homme échappe donc à l'investigation de
quiconque prétend le saisir tout entier : divers comme
les circonstances qui le font agir, ce n'est que pièce à
pièce qu'il est permis de le bien étudier ; ce n'est
qu'en détail qu'on peut se flatter de le bien connaître.

---

# CHAPITRE XIV.

## DE LA CONSCIENCE.

Nous ne saurions trouver d'ami plus vrai, de conseiller plus sage, de juge plus intègre, que notre
conscience ; elle seule peut nous inciter à toutes sortes
de biens, si même elle ne nous aide à éviter, ou à supporter du moins toutes sortes de maux.

Toute personne d'honneur préfère de perdre son
honneur, plutôt que de trahir sa conscience.

Faire usage, pour quelque bonne et utile fin que
ce puisse être, de moyens que ne sauraient justifier
ni les principes de la droiture, ni les témoignages de
notre conscience, ce serait suivre la doctrine de ce

législateurs de l'antiquité, lesquels, fondant la civilisation sur la barbarie, voulaient: ceux de Sparte, qu'on fit boire de force et outre mesure des esclaves, pour inspirer au peuple, par le spectacle hideux de ces gens ainsi perdus de vin, le dégoût et l'horreur de l'ivresse; et ceux de Rome, que, sous couleur de jeux publics, on fît combattre à outrance des gladiateurs, afin que l'exemple de leurs furieuses et sanglantes luttes, dressant le peuple au mépris des dangers et de la mort, le disposàt à se porter courageusement à tous les hasards de la guerre. Honteux expédients, cruels et déplorables stratagèmes, dont la pratique ne blessait pas moins les lois de la raison, qu'elle n'attentait aux droits de la nature!

◉

La conscience est comme un juge établi à perpétuité dans le cœur de l'homme, avec droit de contrôle sur ses plus secrètes pensées; un juge de qui la voix tour à tour menaçante ou secourable, tantôt poursuit le méchant à outrance, et le contraint, par les remords dont elle l'oppresse sans relâche, à livrer lui-même ses forfaits au bras vengeur de la justice humaine, tantôt fait triompher l'homme de bien, par l'assurance qu'elle l'autorise à puiser dans sa propre estime, des imputations calomnieuses à l'aide desquelles l'envie s'efforce constamment de flétrir les plus rares talents, les plus nobles vertus, les plus hautes renommées.

L'homme étant au dehors tout mensonge, et au dedans toute vérité, il en résulte que c'est, non pas suivant les opinions d'autrui, qui ne peut l'apprécier que par ce qu'il veut paraitre, mais d'après les jugements de sa conscience, à laquelle il ne saurait donner le change sur ce qu'il est en réalité, qu'il lui importe de régler ses mœurs et sa conduite.

— Toute action publique a peu de chance d'être uniformément et équitablement appréciée; car trop de têtes en jugent, et il n'y a rien de plus divers et de plus incertain que les jugements de la multitude, tandis qu'il ne saurait y avoir, en toute occasion que ce soit, rien de plus assuré et de plus invariable que les jugements de notre conscience.

— Prendre pour guide la raison, sans nous mettre en peine des jugements du stupide vulgaire, ce n'est peut-être pas le moyen le moins sûr d'attirer à nous l'approbation publique. Loin de risquer, en poursuivant une popularité incertaine, de nous perdre sur les pas de la multitude, attendons que la fortune, de qui dépend toute gloire, envoie après nous l'acclamation du peuple, sur le chemin de la sagesse : que si la fortune venait à trahir notre espoir, nous aurions du moins pour nous le témoignage de notre conscience.

# CHAPITRE XV.

## DU DEVOIR.

Tel paraît vendre à celui qu'il sert sa conscience, qui ne fait souvent que la lui échanger contre le droit de le trahir : en effet, quiconque se montre à ce point infidèle envers soi-même, peut le devenir excusablement à l'égard de son maître.

●

On corrompt l'office du commandement, lorsqu'on y obéit, non par sujétion, mais par discrétion; c'est-à-dire, non pas suivant la mesure exacte et positive de ce qu'un supérieur commande, mais suivant le plus ou le moins d'étendue qu'un inférieur juge à propos de donner à ce qui lui est commandé.

●

La volonté et les désirs ne reçoivent la loi que d'eux-mêmes; il n'en saurait être ainsi des actions, lesquelles doivent au contraire, en tout ce qu'elles peuvent avoir de connexe avec l'utilité générale, se soumettre au contrôle et se conformer à la décision de l'ordonnance publique.

❊

L'honnête homme, qui ne fait rien que par principe de raison et de justice, n'est comptable qu'à sa
conscience des avis qu'il veut bien donner à qui les
lui demande; et s'il arrive que le succès justifie sur
tel point qu'il aura décidé, le choix d'une opinion
contraire, il ne reconnaît là qu'un jeu de la fortune,
dont il accepte sans regret les conséquences, comme
il verrait sans repentir, lorsqu'on vient à suivre ses
conseils, l'événement tromper son attente : tout est
dit, tout est fait pour l'homme de bien, dès qu'il a
rempli son devoir.

❊

Pour être bien discret, il le faut être, non par devoir, mais par nature.

❊

La première charge que nous ayons à remplir ici-
bas est toute personnelle. Quand la plupart des règles du monde et les principales maximes de la philosophie, après nous avoir fait un devoir d'acquérir,
par pur amour du bien public, la gloire, la science
et la richesse, s'efforcent à l'envi de nous entraîner
sur la place, et nous exhortent, au nom de l'honneur,
à nous livrer corps et biens à la discrétion de la commune, ce qu'elles se proposent avant tout, c'est, non
pas que, nous arrachant sans réserve à nous-mêmes,

nous nous immolions tout entiers à l'intérêt des autres, mais que nous ne nous endormions pas dans un lâche et pernicieux repos, et que le zèle qu'elles cherchent à nous inspirer pour l'utilité générale, tourne d'abord au profit de chacun de nous. La vérité a quelquefois besoin d'user d'artifices et de déguisements pour s'emparer de l'imagination du vulgaire; il faut qu'elle le trompe pour le soustraire au danger de se tromper lui-même.

Socrate dit que les jeunes gens doivent se faire instruire; les hommes s'exercer à bien faire; les vieillards, enfin, se retirer de toute occupation civile ou militaire, et vivre chacun suivant ses goûts et ses volontés, sans plus s'astreindre désormais à aucune espèce d'office.

# CHAPITRE XVI.

### DE LA COMPLEXION.

Tout reçoit couleur et saveur de notre complexion: saine et robuste, il n'est sorte d'adversité dont l'épreuve ne lui promette une victoire; vicieuse et lan-

guissante, il n'est si légère privation dont l'atteinte
ne lui présage une défaite.

❋

Voir est un mal pour qui ne saurait bien voir.

❋

Reprocher à la philosophie l'impuissance de ses
enseignements contre les misères de notre condition,
c'est, non pas lui échapper, mais la contraindre à
nous offrir, dans la mort, un asile toujours prêt à
recevoir celui qui ne peut se résigner à vivre : dernier acte de faiblesse dont elle nous donne le conseil,
comme un moyen extrême qu'elle tiendrait en réserve
pour nous faire rougir de notre lâcheté.

---

# CHAPITRE XVII.

## DU COURAGE ET DE LA LACHETÉ.

L'opiniâtreté est sœur de la constance, en vigueur
du moins et en fermeté, si ce n'est en raison et en
sagesse.

❋

Pour qui se trouve en péril, la peur est un nouveau danger.

Ceux qui conseillent à un prince de tenir constamment sa défiance en éveil, et qui croient de la
sorte lui prêcher sa sûreté, ne lui prêchent au contraire que sa honte, et souvent même sa ruine : rien
de noble et de grand ne se fait sans quelque chance
de hasard.

— La hardiesse, quand il en est besoin, se produit
aussi fièrement en pourpoint que sous les armes; en
un cabinet qu'au milieu d'un camp; le bras pendant
que le bras levé : une prudence par trop timide et par
trop circonspecte, est la plus mortelle ennemie des
grands desseins et des hautes actions.

— La défiance appelle et détermine l'offense; la
confiance, au rebours, nous gagne le cœur et la volonté d'autrui.

La lâcheté est mère de la cruauté : bien différente
de cette grandeur d'âme qui porte le vrai brave à se
montrer généreux envers l'ennemi dont il a su triompher, ce sont d'ordinaire, non pas de nobles et va-
leureux champions qu'elle se plaît à provoquer au
grand jour, afin de les combattre avec gloire, mais
des victimes faibles, tremblantes et désarmées, qu'elle
s'attache à poursuivre dans l'ombre, afin de les égor-

ger avec impunité. Compagne inséparable de la tyrannie, elle verse d'abord le sang, parce qu'il est
dans sa nature d'être sanguinaire; puis, le répand
de nouveau, dans l'espoir d'étouffer le crime par le
crime; puis, le fait couler à la fin sans mesure et sans
relâche, forcée qu'elle est bientôt de se soustraire,
par toutes sortes de meurtres, aux vengeances que
ses forfaits ont soulevées contre sa propre vie, et
qu'elle ne se sentirait pas le courage de repousser à
force ouverte.

Il y a une sorte de vice si monstrueux, que la nature le désavoue, et que la langue refuse de le nommer : c'est la faiblesse d'une nation entière qui gémit
tout bas des cruautés d'un tyran, et n'ose s'attaquer
à ce seul homme, le plus lâche souvent de tous les
hommes. *Est. de la B*ie .

*

Il y a de certains mots et de certains faits, qui disent assez haut dans quel temps et dans quels pays
en durent vivre les auteurs, pour qu'il devienne superflu de décliner le nom de pareils personnages, et
de faire connaître le nom même de leur patrie. Rap-
portez seulement un tel mot, ou racontez un tel fait,
il ne manquera pas de gens qui se vont écrier : Rome
et Caton! *Est. de la B*ie .

# CHAPITRE XVIII.

## DE L'ENTHOUSIASME.

Tout sentiment qui, poussant l'âme hors de son siége ordinaire, et l'élevant en quelque sorte au-dessus d'elle-même, la rend capable d'enfanter des prodiges, ne laisse pas, quelle que soit d'ailleurs la cause qui l'ait fait naître, d'avoisiner plus ou moins de la folie celui qui vient à en être tout à coup saisi et dominé.

# CHAPITRE XIX.

## DE LA JALOUSIE.

Il n'y a rien de plus redoutable, en ménage, que la jalousie d'une femme ; et, contre un pareil mal, il n'est guère de remède qui vaille que la fuite ou la souffrance. Mais encore semble-t-il douteux qu'on ne doive échouer dans l'emploi de l'un comme de l'autre de ces moyens, dont la pratique est, à vrai dire, une chose

assez peu facile; car une femme jalouse est capable,
non seulement de lasser la patience du mari le plus
tolérant et le plus débonnaire, mais même, s'il en
venait à ne plus voir et à ne plus chercher de chance
de salut que dans la fuite, de le poursuivre de ses
cris et de ses fureurs de l'un à l'autre bout de l'univers; tant cette passion, lorsqu'elle s'est une fois em-
parée de ces pauvres âmes sans vigueur et sans consistance, leur fait comme un principe de vie ou de
mort, de ne se nourrir plus désormais que de troubles et de tempêtes.

— La jalousie corrompt, chez une femme qu'elle
vient à déchaîner contre son mari, jusqu'aux dons les
plus heureux de la nature. C'est un mal qui, transfor-
mant pour elle en objets de haine les qualités les plus
dignes de son affection, et s'irritant sans cesse, par la
contrainte qu'elle s'impose de couvrir du prétexte de
la bienveillance les accès de son humeur chagrine et
insociable, puise chaque jour de nouveaux aliments
aux sources mêmes où devrait s'en trouver le préser-
vatif ou la guérison.

# CHAPITRE XX.

## DES BESOINS ET DES DÉSIRS.

La nature avait pris soin de borner nos besoins et nos désirs; c'est le déréglement de notre imagination qui nous rend insatiables.

— Appliquons-nous à régler nos besoins, nous parviendrons à modérer nos désirs; plus nous donnons de carrière à nos appétits, plus nous risquons d'agrandir le cercle de nos privations, et de nous mettre en butte aux coups de l'adversité.

---

# CHAPITRE XXI.

## DES PASSIONS.

Les passions, chez l'homme, sont une fièvre de tous les instants, un délire de toute la vie.

*

Par quel étrange égarement nous occupons-nous

de découvrir ce qui se passe au-dessus de notre tête,
quand nous avons, dans le concours redoutable de
nos passions, tant d'ennemis à combattre sans relâche au fond de notre cœur?

⊛

Tous les hommes apportent, en naissant, les mêmes
passions, avec une égale volonté de les satisfaire;
d'où il résulte que telle raison qui nous fait querel-
ler un voisin ou corriger un valet, suffit souvent à un
monarque pour ruiner une province : grands et petits,
peut-être ne manquerait-il à chacun de nous que la
puissance, pour changer la face du monde.

⊛

Pénétrez à travers les ressentiments humains, et
vous verrez combien de haines et de vengeances nous
nous empresserions d'étouffer en nous dès l'origine,
si l'amour-propre non seulement ne nous aveuglait
sur nos torts personnels, mais encore ne semblait
nous porter à croire que, quelque mal fondés que
soient les griefs dont nous prétendons avoir à nous
plaindre, il suffit de la sanction du temps pour autoriser nos clameurs et pour légitimer nos injustices.

Les passions s'irritent souvent par les moyens
mêmes qu'on emploie pour les dompter.

Lorsque notre passion est si violente, que nous devions désespérer de la vaincre par la force, il ne nous reste pour ressource que de lui échapper par la ruse. Le temps et l'inconstance sont les deux plus puissantes recettes qu'oppose la nature aux maladies de l'âme; sachons l'imiter quelquefois et la devancer pour ainsi dire, en substituant aux fébriles appétences de notre imagination, non pas des désirs contraires, ce qui souvent passe encore notre pouvoir, mais d'analogues tout au moins, comme les plus propres à la mettre en défaut, et à lui faire prendre le change : la diversion est le remède universel contre les affections physiques et morales de l'homme.

Qu'Alcibiade fasse couper la queue et les oreilles à son chien d'une rare beauté; qu'il le jette ainsi mutilé dans la place, et livre ce trait de folie aux propos railleurs de la multitude, afin qu'on laisse en repos ses autres actions, c'est un genre de diversion dont il pouvait à bon droit se promettre de tirer avantage. Mais qu'une femme, par l'espoir d'en imposer à la malignité publique, entreprenne de couvrir sa véritable affection des apparences d'une autre affection qu'elle s'étudie à feindre, c'est souvent un piège qu'elle tend à sa propre faiblesse, un artifice sous l'empire duquel il n'est pas rare de la voir succom-

ber à son tour. Aussi, peu sage est celui-là qui, se
trouvant heureux de l'amour qu'il inspire, consent à
l'exposer aux dangers d'un pareil stratagème ; car, en
ce qui regarde l'amour, et peut-être bien encore
mainte autre passion, il n'y a souvent qu'un pas de
la feinte à la réalité.

La moyenne région, non seulement en physique,
mais encore en morale, contient la foudre et les tempêtes : les philosophes et les laboureurs, c'est-à-dire
ces être privilégiés du destin, qui habitent les deux
régions extrêmes du monde social, y trouvent également le calme et le bonheur.

## CHAPITRE XXII.

### DES BIENS.

Le plaisir de posséder, en ce qui touche les biens
extérieurs, tient surtout à l'imagination : parents,
amis, trésors, meubles, domaines, et toute espèce
d'avantages que ce soit, qui ne forment point comme
une partie essentielle et intégrante de nous-mêmes,
telle est, en effet, la nature de ce sentiment, que la
jouissance réelle et présente de pareils avantages,

finit, en donnant relâche à notre attention, et libre cours à nos pensées, par l'affaiblir insensiblement en nous, tandis que l'absence ne laisse pas au contraire de l'y ranimer et de l'y fortifier même, à proportion du temps qu'il nous arrive d'être séparés de ces objets de notre possession.

Nul bien ne saurait nous apporter de plaisir sans mélange, si ce n'est celui à la perte duquel nous sommes dès longtemps préparés; en effet, c'est pour l'esprit un égal sujet de s'affecter, que la crainte de perdre une chose ou le fait même de l'avoir perdue.

Le monde ne reconnaît de valeur et d'utilité aux choses qu'à proportion de ce qu'il lui en coûte pour se les procurer : tout ce qui peut s'obtenir sans peine, il le tient pour suspect.

— Nous attachons d'autant plus de prix à toute espèce de chose, qu'il nous paraît plus difficile de la trouver, de l'acquérir, ou de la conserver.

Le désir et la jouissance nous mettent également en peine, et il y a peu de gens qui ne se trouvent aussi embarrassés par leur abondance que d'autres par leur disette.

. — Les hommes paraissent généralement portés à montrer plus de patience dans la nécessité que de modération dans l'abondance, et l'on serait tenté de croire qu'il est plus malaisé de savoir être riche que de savoir être pauvre.

Il faut comprendre sous la dénomination de déli-cats, non seulement ceux qui se font habituellement servir les mets les plus rares et les plus recherchés, mais ceux-là mêmes qui, sur une table somptueuse, prennent de préférence les aliments les plus simples et les plus ordinaires. Ce dernier raffinement est le propre des palais blasés ; c'est l'essence du vice qu'on appelle délicatesse.

## CHAPITRE XXIII.

### DE LA SANTÉ.

Le plus précieux des biens, c'est la santé : que nous venions à la perdre, et tous les autres avantages, frappés par contre-coup de langueur et de stérilité, semblent s'évanouir avec elle ; aussi, quoi qu'il puise nous en coûter pour acquérir un pareil trésor, ne devons-nous pas nous lasser de le poursuivre par tous les moyens qui dépendent de nous, fût-ce même au péril de notre vie.

Les arts qui se proposent de nous maintenir le corps et l'âme en santé, ont assurément bon droit de passer en cela pour beaucoup nous promettre; mais aussi n'en est-il point qui tiennent moins ce qu'ils promettent.

Nous n'avons point à nous plaindre des maux qui partagent loyalement notre temps avec la santé.

---

# CHAPITRE XXIV.

## DES RICHESSES.

En fait de richesses, la chose la moins aisée, c'est à coup sûr, non pas d'acquérir, mais de conserver.

Le sage méprise les richesses, non parce qu'il lui serait malaisé d'en acquérir, mais parce qu'il trouve plus commode et plus utile même de savoir s'en passer.

L'épargne fut longtemps la vertu pratique et dominante de certains peuples de l'antiquité; et c'est à
l'ascendant qu'ils surent d'abord si bien exercer sur
eux-mêmes, qu'on doit attribuer, en grande partie
du moins, cette puissance de conquérir et d'asservir,
qu'ils parvinrent dans la suite à faire si fièrement
peser sur tous les points de l'univers.

C'est moins dans la possession que dans l'emploi
des biens, que consiste la véritable opulence; et plus
misérable est sans contredit un riche insatiable de
richesses, qu'un pauvre que n'émeut point sa pauvreté.

Nous sacrifions tous les jours le certain à l'incertain, pour rechercher les hautes et rares faveurs de
la fortune. O folie humaine! César engage tout son
patrimoine, et s'endette en outre d'un million d'or
afin de devenir César; et César meurt assassiné pour
s'être fait César! Mais, tel encore pouvait vivre tran-
quille et heureux du produit de sa métairie, qui,
s'avisant tout à coup de la vendre, et d'en convertir
le prix en achat de marchandises, qu'il envoie aux
Indes, sur la foi trompeuse des mers, s'expose de
gaieté de cœur à mourir de détresse, pour s'être

laissé prendre, l'ambitieux, au décevant appât de se
voir un jour millionnaire.

Tâchons de régler à si juste mesure nos besoins
sur nos revenus, que l'administration de nos richesses
ne trouble en rien le cours de notre vie.

— Qui cherche à vivre en paix avec soi-même, doit
s'abstenir de rien faire au-delà de ce que lui permet
sa fortune.

Chacun son lot et ses droits en ce monde : aux
plus heureux les libéralités de la fortune; à qui les
sert, outre le prix de ses offices, la portion du gla-
neur.

Il y a presque toujours en présence, dans les affaires de grand et de petit négoce, deux personnes de
mauvaise foi : celle qui surfait et celle qui mar-
chande. C'est, pour la plupart du temps, entre ven-
deur et acheteur, un pur commerce d'imposture et
d'effronterie, où, après une heure de frivoles et niaises
circonvolutions, chacun d'eux abandonne sa parole et
ses serments pour le plus misérable avantage, que,
de guerre lasse des deux côtés, ils finissent par se
surprendre l'un à l'autre.

# CHAPITRE XXV.

## DU BIEN ET DU MAL.

La volupté est peu ambitieuse de sa nature, et s'estime trop riche de soi-même, pour attacher le moindre prix à la réputation ; elle s'accommode mieux du silence que du bruit, et recherche plus volontiers l'ombre que le grand jour.

— Il y a en quelque sorte rivalité entre nos plaisirs ; et celui de la table n'admet, pour tout condiment, que la douceur des devis, dont les gens de goût et de raison savent si bien s'entrefestoyer.

— Le meilleur vin et les plus doux plaisirs sont ceux que nous allons chercher loin des tracas de notre ménage, et qui ne nous coûtent que le soin de remercier l'hôte obligeant qui nous les offre.

— Le plus sot maintien de la part d'un maître de maison, c'est de laisser entrevoir à ses hôtes les soins et les soucis que lui cause leur présence ; il ne lui manque plus que de les entretenir de la manière dont il les traite, soit qu'il s'en excuse, soit qu'il s'en glorifie, pour être tout-à-fait ridicule.

Dieu ne nous envoie jamais non plus les maux que les biens sans mélange.

— Toutes choses tendent à se confondre dans la nature : le bien avec le mal, le rire avec les larmes.

— S'il est vrai, comme le disent les stoïciens, que la nature ait destiné le vice à rehausser le prix de la vertu, à plus forte raison semble-t-il permis de croire qu'il en doit être ainsi de la douleur à l'égard de la volupté.

— Le travail et le plaisir, la douleur et la volupté, quoique choses d'une nature tout-à-fait opposée, ne laissent pourtant pas de sympathiser en quelque façon, et de se rencontrer assez souvent ensemble.

Il n'y a rien en quoi l'abus ne soit une chose condamnable, non pas même les voluptés les plus conformes aux lois de la nature.

— Goûtons avec modération les plaisirs permis, et tâchons de n'envisager, autant qu'il dépend de nous, que le beau côté de la vie : nous n'avons été placés dans ce monde pour abuser ni des biens ni des maux; et nous ne pouvons, sans manquer également de rai-

son et de sagesse, nous appesantir sur les voluptés
non plus que sur les souffrances.

— Celui-là seul comprend et dirige sagement la
vie, qui ne porte à l'excès ni la haine de la douleur
ni l'amour de la volupté.

— Savoir se roidir également contre l'excès de la
souffrance et contre l'abus de la volupté, c'est la vertu
tout à la fois et le bonheur.

Il y a, suivant Epicure, des voluptés que nous devons fuir, et des souffrances que nous devons rechercher : ce sont, quant aux souffrances, celles d'où
naissent des voluptés plus grandes que ces souffrances, et, quant aux voluptés, celles qui traînent à
leur suite des souffrances plus grandes que ces voluptés.

C'est une des misères de la nature humaine, que
de confondre le bien et le mal, et de se prendre à
l'apparence des choses, faute d'en pouvoir saisir la
réalité. Or, comme elle a besoin de bruit et d'agitation, et que, ce qu'elle tient communément pour la
vie, ce n'en est, à vrai dire, que la fièvre, là où l'on
ne bouge ni ne parle, il lui va sembler qu'on som-
meille.

—Il faut aux hommes une vie agitée, qui leur fasse
sentir qu'ils existent; sans la maladie, à peine con-
naîtraient-ils le prix de la santé.

—Ce qui nous plaît par-dessus tout, et que nous ai-
ons à trouver de préférence, soit au théâtre ou dans
l'histoire, ce sont les événements tragiques de l'humaine fortune : rien ne nous chatouille, à moins qu'il
ne nous pince.

L'homme étant né moins pour jouir que pour souffrir, et l'extrême volupté ne le touchant même pas à
l'égal de la plus légère douleur, ce serait faire beaucoup pour son bonheur, que de lui dérober la connaissance du bien et du mal; non par l'espoir sans
doute que son ignorance pût aller jamais jusqu'à l'in-
sensibilité, — et même *la douleur ne lui est toujours à fuir
non plus que la volupté toujours à suivre,* —mais dans le
but du moins que son imprévoyance l'empêchât soit
de reculer avec effroi devant l'apparence d'une peine,
ou de se précipiter avec emportement après l'ombre
d'un plaisir.

Les maux dont nous ayons le plus cruellement et
le plus habituellement à souffrir, ce sont ceux dont
nous charge notre imagination; aussi, ne devons-
nous rien tant demander à Dieu, sinon qu'il nous
préserve de nous-mêmes.

— Il y a une certaine force et une certaine faiblesse d'esprit, qui nous rendent inaccessibles en quelque sorte à la souffrance des accidents humains : entre ces deux extrêmes est la prévoyance timide, pour qui la simple appréhension des maux est plus insupportable que leur présence même.

— Craindre les maux, c'est souffrir déjà de tout ce qu'on en appréhende.

— Étudier notre âme et régler notre imagination, c'est le moyen non seulement de nous couvrir de toute sorte d'offenses et de misères, mais de nous en trouver comme flattés, et, s'il se peut dire même, comme gratifiés, pour peu qu'il nous convînt de nous y rendre accessibles.

●

Nous devons ou mettre tout en œuvre, pour éviter le mal qu'il dépend de nous d'éviter, ou réunir tout ce qu'il y a en nous de force et d'énergie, pour supporter le mal dont il n'est pas en notre pouvoir de nous préserver.

— Tous les moyens honnêtes de se garantir des maux, non seulement sont permis, mais encore sont louables; le jeu de la constance est fondé sur ce principe, qu'on ne doit songer à soutenir patiemment ses maux que du moment où l'on n'y voit plus de remède.

—Où il n'y a pas de douleur à défier, la vertu perd de sa valeur, et ne joue plus que tant bien que mal son rôle.

—Faire tête à la douleur, c'est la contraindre, pour le moins, à composer avec nous.

C'est un bienfait de la nature, qu'elle nous ait permis d'assoupir en nous, par l'accoutumance, le sentiment des maux contre lesquels nous ne saurions trouver de remède.

Les biens et les maux sont les lois de notre condition; sachons à bon droit jouir des uns, mais apprenons avant tout à supporter les autres, puisqu'il ne dépend pas toujours de nous de les pouvoir éviter. Les maladies ont leur naissance, leur progrès et leur terme; qui essaie de les arrêter impérieusement, et de les maitriser au milieu de leur cours, les irrite souvent au lieu de les apaiser, et s'expose à prolonger sa souffrance au-delà des bornes ordinaires. Laissons un peu faire la nature, qui sait mieux ce qui nous convient que nous-mêmes, et ne risquons pas de nous perdre à force d'impatience.

C'est demander à l'homme qu'il dépasse la mesure de ses forces et les limites de sa nature, que de pré-

tendre le voir opposer uu visage calme et un main-
tieu dédaigneux aux éireintes même les plus violenies
de la douleur physique. La philosophie, dont le but
doit être de nous enseigner à gouverner notre âme,
n'a plus rien à démêler avec le corps, du moment où
elle est parvenue à soustraire, jusqu'à un certain
point, notre entendement à tant de sortes de maux
qui peuvent assaillir son enveloppe matérielle, et à
rendre notre moral capable de soutenir le contre-
coup des plus cruelles angoisses physiques, non sans
trouble et sans émotion, mais tout du moins sans
abattement et sans défaite.

◉

Les menus tourments de la vie tendent bien plus à
énerver nos forces et à paralyser notre courage, que
ne saurait le faire nulle réelle adversité, quelque
grande d'ailleurs qu'elle puisse être.

◉

Le seul moyen de supporter avec résignation les
peines de la vie, c'est de nous mesurer, non pas,
comme nous avons coutume de le faire, à ceux que la
fortune a placés au-desus de nous, mais à ceux dont
elle a rendu la condition inférieure à la nôtre : quels
nombreux et puissants motifs de consolation, si misérable qu'on se suppose, ne devra-t-on pas retirer
de cette épreuve? Et, qu'on mette en commun tous les
maux de l'humanité, qui donc consentirait, pour ce

qui est du moins de la plupart des hommes, à échanger contre le partage égal de cet amas prodigieux de misères, la proportion plus ou moins grande qu'il en avait précédemment reçue?

Qui s'appitoie sans plus de relâche que de raison sur ses propres maux, s'expose à ne trouver que de l'indifférence chez ceux-là mêmes, pour qui le moment et la raison seraient venus de le plaindre.

---

# CHAPITRE XXVI.

### DE LA VERTU ET DU VICE.

Il n'y a pas de vice qui, par les maux incurables qu'il engendre dans le cœur de celui qui s'y abandonne, ne soit digne de toute sa haine, et ne semble dès-lors provenir de sa sottise et de son ignorance. Il n'y a point de vertu, au contraire, qui, par les perpétuelles délices qu'elle entretient dans l'âme de celui qui la pratique, ne mérite tout son amour, et ne devienne en même temps un témoignage de la justesse de son discernement et de l'excellence de sa nature. L'homme courageusement vicieux finit quelquefois par s'endurcir au cri de sa conscience; mais, pour cette paix constante, pour ce bonheur inaltérable, qu'on ne puise que dans l'estime de soi-même, c'est le partage exclusif de la vertu; il n'est donné qu'à l'homme de bien d'en jouir.

L'hommage que le vice même consent à rendre à la vertu, est le plus noble et le plus digne éloge qu'on en puisse faire; car il suit de là que tel la hait et la repousse de son cœur, qui s'en couvre du moins, et cherche quelquefois à s'en parer.

Tel ferme son cœur à la vertu, qui rougirait de l'ouvrir à la perfidie, tant elle passe aux yeux de tous les hommes pour un vice honteux et détestable.

Il n'y a point de si rude condition que n'accepte volontiers un honnête homme, plutôt que de consentir à faire le mal; mais, être placé entre deux nécessités également déshonorantes, c'est la plus funeste des épreuves pour tout homme de vertu.

Nous devons faire le bien, non par calcul, mais par vertu, c'est-à-dire afin de devenir estimables, non pour autrui, mais pour nous-mêmes.

— Si nous ne prenons que de notre intérêt la loi de bien faire, et que l'impunité nous devienne justice, tout désormais se confond en nous pour le mal, et la vertu que nous transformons en vice, et le vice dont nous nous faisons une vertu.

— La plupart de nos actions les plus belles et les plus honorables en apparence, nous sont moins inspirées par un amour parfait de la vertu que par des considérations d'intérêt personnel. En effet, il est malaisé, ce semble, de nommer vertu la justice, la vaillance, la générosité, ou tout autre mouvement qui nous porte à bien faire, si cette impulsion nous est donnée, chose trop commune en nos siècles modernes, soit par quelque vue de gloire ou de profit, soit par l'empire de la crainte, ou de l'exemple, ou de la coutume, soit enfin par toute espèce de mobile qui n'ait point pour essence la vertu elle-même. C'est donc mal à propos que le monde attribue à la vertu maintes œuvres soi-disant recommandables, qui, si l'on pouvait se prendre à l'intention de l'ouvrier, ne laisseraient pas de démontrer que la vertu les renie, comme n'en étant ni la fin proposée, ni la cause efficiente; car, la vertu n'avoue rien que ce qui se fait par elle seule ou pour elle seule.

— Nos jugements suivent la dépravation de nos mœurs ou la faiblesse de notre intelligence, et nous allons jusqu'à nous efforcer d'obscurcir la gloire des grands hommes de l'antiquité, en prêtant à leur vertu, que nous ne pouvons envisager sans honte ou sans étonnement, de lâches et méprisables motifs d'intérêt ou de vanité. Mais, qu'il nous siérait bien, au contraire, que la passion nous transportât par l'exemple de si saintes formes et de si belles actions, et qu'elle rechargeât même d'honneur et de respect ces nobles et rares personnages, que la nature semble avoir choisis, pour montrer à quel degré de splendeur pouvait atteindre l'humaine vertu, dans sa pureté primitive.

La vertu consiste non seulement à ne point faire le mal, mais surtout à faire le bien, et c'est ce qui la distingue essentiellement de cette nature moins bonne encore que débonnaire, moins exempte de vice que de passion, qui, rendant un homme innocent par impuissance de bien ou de mal faire, touche de si près à la faiblesse et à l'imperfection, qu'elle semble devoir appeler, sur celui dont elle est le partage, plus de mépris peut-être que d'envie.

— Faire le bien, en se laissant, grâce à une heureuse complexion, doucement et paisiblement guider par les conseils de la raison, ce n'est là qu'un mérite vulgaire, et qui ne semble point dépasser les limites de la bonté; mais, se revêtir des propres armes de la raison, pour combattre tout ce qui pourrait, soit en

nous, soit hors de nous, s'opposer à notre détermination de bien faire, c'est l'office même de la vertu.

❋

Il faut en croire Platon, lorsqu'il dit que [les humeurs faciles ou difficiles sont un grand empêchement, les dernières à la bonté, et les premières à la
méchanceté de l'âme. Socrate eut un visage constant,
mais serein et riant, et non fâcheusement constant
comme celui du vieux Crassus, ce personnage qu'on ne
vit jamais rire. On distingue à ces traits le caractère
de la vraie ou de la fausse vertu, que celle-ci est triste
et austère, tandis que celle-là est aimable et gaie.

Nous risquerions de prendre pour vertu chez au-
rui ce qui n'en est souvent que l'apparence, si, ju-
geant des causes par les effets, nous ne nous attachions
qu'aux circonstances extérieures de sa conduite, sans
rechercher d'abord les motifs personnels qui ont pu
le déterminer dans telle ou telle occasion, sans considérer, en un mot, pour bien apprécier les plus
brillantes comme les plus modestes actions, l'homme
tout entier qui les a produites.

—Sauf l'ordre, la mesure et la constance, qualités
dont le concours et l'harmonie forment le caractère
distinctif de la vertu proprement dite, il n'y a rien
de bon et de beau, de noble et de grand, d'héroïque

et de merveilleux, qui ne soit possible, momentanément du moins, aux organisations même les plus
vulgaires. Mais, ce ne sont là que des saillies en
quelque sorte hors de nature, des élancements subits
et inaccoutumés, des inspirations rares et passa-
gères, sur le témoignage desquels il faudrait bien
se donner de garde de vouloir apprécier de pareilles
âmes, et déterminer quelle peut être au juste l'étendue
de leurs forces et la puissance de leurs volontés : pour
juger sainement d'un homme, dit le sage, il importe
de le suivre dans ses actions ordinaires, et de le surprendre dans ses habitudes personnelles, où il ne
manque pas de se mettre au large, comme en ses
vêtements de tous les jours.

— La vertu qui porte à aimer le bien pour lui-
même, et à s'y livrer sans jamais se démentir, soit
dans son intérieur, en donnant à sa famille l'exemple
de l'ordre, de la constance et de la probité, soit au
dehors, en devenant pour ses concitoyens un modèle
parfait de l'obéissance aux lois, et du respect pour
les opinions reçues ; la vertu qui conduit à se montrer d'autant plus indulgent à l'égard des autres, qu'on
est plus rigide envers soi-même, à suivre, en toute
occasion, les mêmes principes de raison, d'honneur
et de justice, et à vivre le plus conformément à la
condition humaine, en déployant, comme citoyen
privé, des qualités qui rendraient, au besoin, capable des plus nobles entreprises ; la vertu de tempé-

ament et de conscience, en un mot, tout obscure et
bute modeste qu'elle paraisse, est d'une pratique bien
autrement difficile, bien autrement épineuse, que cette
ertu d'éclat de la plupart des grands hommes, vertu
'illusion et d'artifice, qui cache aux yeux du vulgaire
a stérile vanité sous le nom fastueux d'amour de la
loire. L'une exalte les passions d'Alexandre, et le
ousse à la conquête du monde, pour la ruine et
our la désolation des peuples dont son bras doit
riompher ; l'autre découvre à Socrate ses faiblesses,
t l'engage à se vaincre lui-même, pour le bonheur de
'humanité, que son exemple ne peut manquer d'ins-
ruire et de réformer. Et quelle force, d'ailleurs,
quelle puissance, quelle élévation ne donne pas à
'homme l'habitude de lutter contre ses mauvais pen-
hants, à tous les instants et dans toutes les situations
le la vie! En effet, on se représente aisément un sage
orenant la place d'un héros sur le théâtre du monde;
nais, loin de là, descendez avec le héros dans sa vie
commune, et, souvent, au lieu du héros même, y
rouverez-vous un homme qui ne sait plus ni penser,
ii parler, ni agir, un homme qui semble ne pouvoir
s'abaisser à vivre, un homme, enfin, qui, s'il ne
vaut pas moins, ne vaut pas plus, assurément, que
le plus ordinaire des hommes.

•

Une âme grande à la fois et bienveillante, qui,
toujours égale à sa fortune, sait tantôt s'élever, tan-

tôt s'abaisser au niveau de celle des autres ; qui, n'i
gnorant rien des choses de la vie, peut causer bâti
ment, chasse et procès avec un voisin ; qui, se plai
sant à l'entretien d'un charpentier ou d'un jardinier
converse enfin de tout avec tous, sans craindre même
de se dérider quelquefois en présence de ses valets
et de descendre avec les derniers d'entre eux à une
certaine familiarité ; une pareille âme est à coup sûr
ce qui a droit de mériter le plus d'estime, et d'exciter le plus d'envie : *tout à tous* est un principe de
bonne politique et de saine morale, qui atteste
dans un État, la plus haute sagesse, et, chez un
homme, la plus rare vertu.

— Qui ne sait vivre avec le peuple, ne doit s'en-
tremettre ni des affaires d'autrui, ni de ses propres
affaires ; car, pour ce qui est des affaires, soit publiques, soit privées, il n'y en a point qui ne se
traitent et ne se démêlent plus ou moins avec le peuple. C'est, à bien des égards, une vertu, que la science
de l'entregent.

—S'il nous est impossible de régler nos mœurs
sur les mœurs de notre siècle, nous n'avons plus qu'à
rompre avec le monde. Il faut, pour vivre avec les
hommes, les prendre tels qu'ils sont, et c'est souvent une tâche qui ne va pas sans quelque sorte de
courage et de vertu : aussi, bien qu'il soit permis de
regretter une meilleure époque, est-ce une chose plus

commandable de se plier que de se soustraire aux difficultés des mauvais temps ; mais, qui manque de force pour suivre le monde, fait prudemment de le fuir.

— On doit tenir bien moins de compte à l'homme se dérober par l'isolement, aux devoirs si divers si épineux que sa condition l'appelle à remplir dans ce monde, que de tâcher d'y vivre sans s'écarter à quoi que ce puisse être des principes austères de prud'hommie ; de même qu'il lui faut savoir bien moins de gré de se résigner à une pauvreté volontaire, que de se piquer de faire un sage et utile emploi des avantages dont l'a doté la Providence. En effet, de quelque rare mérite qu'il ose se prévaloir en agissant ainsi, du moins n'a-t-il pas celui de la difficulté vaincue : c'est mourir en quelque façon, pour s'épargner la peine de vivre. Aussi, qui pourrait empêcher de reconnaître à combien d'égards la vertu de Scipion le jeune l'emporte sur celle de Diogène ?

Nous ne devons rien aimer, rien rechercher, rien embrasser qu'avec modération : la vertu même a ses limites ; et l'excès dans le bien n'est, à proprement parler, que le commencement du mal.

— Gardons-nous d'une philosophie hautaine et dédaigneuse, d'une vertu acerbe et sauvage, dont

l'excès, en détournant l'homme des sentiers tracés
par la nature, le rend, par une subtilité de perfection mal entendue, l'ennemi du repos de ses semblables et l'artisan de sa propre infortune.

—Toute vertu qui va jusqu'à fouler aux pieds les
lois de la nature, semble agir en dehors des lois de
la raison.

————————

La pudicité est moins une vertu naturelle, qu'une
vertu commandée par l'usage, les lois et les préceptes.

—Le devoir de chasteté, qu'il nous a plu de rési-
guer aux femmes, est sans contredit la plus rude et
la plus épineuse des tâches que puisse s'imposer la
nature humaine. Aussi, quoi de comparable au mérite d'une jeune et belle personne, qui, sage à la
fois et bienveillante, car la pudeur n'exclut pas l'urbanité ni les grâces, marche sans crainte et sans
remords à travers les mille séductions de ce monde!
Quelle matière à nous braver, nous autres hommes,
et à fouler aux pieds cette vaine prééminence de force
et de vertu que nous prétendons nous arroger sur les
femmes! et que deviennent, en présence d'une aussi
noble et aussi vigoureuse résolution, le courage, la
constance, et toutes les vertus comme tous les hauts
faits d'un César ou d'un Alexandre?

Nos vices datent souvent de nos plus tendres années, et c'est à partir de notre enfance, où, parmi les jeux mêmes de cet âge, se manifestent des inclinations sur lesquelles il est dangereux de se méprendre, que les personnes chargées du soin de notre éducation, doivent se montrer attentives à découvrir nos mauvais penchants, afin de les étouffer dans leur germe.

Que de perversité se cache sous les dehors de la bienséance, et combien il serait à désirer que, pour la honte et pour le châtiment du vice, les méchants fussent encore des sots !

— Le mal qu'on fait est peut-être moins honteux que le soin qu'on prend de le taire. Chacun se montre discret pour la confession, tandis qu'il ne devrait l'être que pour l'action : qui s'obligerait à tout dire, s'engagerait nécessairement à ne rien faire de ce qu'on est contraint à cacher.

———

Notre monde n'est formé qu'à l'ostentation : les hommes ne s'enflent que de vent; et, comme les ballons, ils vont par sauts et se manient à bonds.

Il ne faut parler ni en bien ni en mal de soi-même : se priser et se mépriser viennent, suivant Aristote,

14

d'un même fonds d'orgueil, et portent un pareil air
d'arrogance.

— Il ne faut pas moins de prudence que de conscience, pour s'apprécier à sa juste valeur ; mais,
ce n'est souvent ni par modestie, ni par présomption,
qu'on se place au-dessus ou au-dessous de son véritable mérite, c'est par sottise.

— Tout homme d'un jugement sain et d'un esprit
véridique, doit, quant à l'opinion qu'il conçoit de
lui-même, tenir un juste milieu entre trop ou trop
peu de modestie, et trop ou trop peu de présomption.

— La présomption prend quelquefois le masque
de l'humilité, dans l'espoir que plus elle abaissera
son mérite à de certains égards, plus on lui per-
mettra de l'élever à de certains autres.

La vanité et la curiosité sont les deux fléaux de
notre âme; celle-ci nous conduit à vouloir tout connaître; et celle-là nous défend de rien laisser, que
nous n'ayons éclairci et résolu : combien de choses
pourtant, que nous ne pouvons connaître ! combien
plus encore que nous ne pouvons éclaircir ni résoudre !

— Quelque genre et quelque degré d'excellence que notre vanité se croie en droit de nous assigner au-dessus de nos contemporains, que deviendra cet échafaudage de gloire, si, portant nos regards vers les siècles passés, nous comparons nos exploits militaires, par exemple, aux vies des deux Scipion, d'Épaminondas, et de tant d'autres héros de l'antiquité, ou notre morgue philosophique au mépris que Socrate faisait de lui-même, et qui lui valut à si juste titre, et comme par privilége, le surnom de sage des sages?

Le monde est un théâtre, où nous sommes appelés à jouer tour à tour quelqu'un des rôles de l'universelle comédie. Mais, une fois la toile tombée, et notre mission de chaque jour accomplie, il n'y a qu'un sot, fût-il même empereur, qui, persistant à conserver l'habit et le masque de son personnage, cherche à en perpétuer l'illusion jusque vis-à-vis de lui-même.

C'est à tort que la plupart des hommes cherchent à faire prendre le change sur leurs défauts, et qu'ils se flattent de pouvoir impunément en attribuer l'origine à quelque cause indépendante de leur nature et de leur volonté : n'est-ce pas perpétuer en quelque façon l'histoire de la pauvre folle dont parle Sénèque, laquelle ayant perdu subitement la vue, s'écriait sans cesse qu'elle voulait quitter la maison de ce philo-

sophe, parce que l'obscurité lui en était devenue insupportable? Fous obstinés qu'ils sont eux eux-mêmes!
quel moyen qu'on les croie? mais, quel espoir surtout qu'ils guérissent?


C'est une erreur bien grossière, et dans laquelle
ne laissent pourtant pas de tomber la plupart des
hommes, que de vouloir décider qu'une chose est
possible ou impossible, selon qu'elle leur semble
croyable ou incroyable, et de se prendre eux-mêmes
pour exemple, lorsqu'il s'agit de fixer leur jugement
sur les actions ou sur les facultés d'autrui : stupide
vanité! Quoi, l'intelligence même la plus étroite et
la volonté peut-être la plus stérile, voilà donc, à
votre compte, les maîtresses formes que la nature,
dans son admirable fécondité, se serait plu à choisir
pour régler le train et les allures du monde!


Nous aurions droit peut-être de compter un peu
plus sur le ciel, si nous comptions un peu moins sur
nous-mêmes.


C'est en vain que tous les philosophes semblent se
réunir, pour faire consister le souverain bien dans la
tranquillité de l'âme et du corps : où le chercher en
nous, qui ne possédons, à part nos misères, rien en

propre que les rêves de notre imagination? où le trouver en nous, que notre présomption transporte sans cesse, et fait flotter comme en songe, dans une région de biens chimériques et insaisissables, que nous ne laissons pas, tant nous avons besoin de nous repaître d'illusions, d'appeler des noms fastueux de science universelle et de suprême sagesse; en nous, qui, tenant pour trop étroites les limites de ce monde, où notre ambition ne respire qu'avec peine, et ne rougissant pas de prêter au ciel les corruptions de la terre, déifions l'amour de toutes les gloires, c'est-à-dire, comme nous l'entendons, l'amour de tous les vices et de tous les crimes; à telle fin que, dans l'impuissance où nous sommes de diviniser notre infime et abjecte nature, il nous reste du moins cet impudent espoir : qu'on dresse des statues à toutes nos audaces, et que nul encens ne puisse arriver à Dieu, sans avoir préalablement parfumé nos autels?

— Puisque l'homme désirait tant de s'égaler à Dieu, il eût mieux fait, dit Cicéron, d'attirer ici-bas, en les ramenant à soi, les conditions divines, que d'envoyer là-haut sa corruption et sa misère. Mais, à le bien prendre, en quel temps et en quel lieu du monde n'a-t-il pas, d'une pareille vanité d'opinion, fait l'un aussi bien que l'autre; soit en admettant la créature à partager les perfections de Dieu son créateur, soit en appelant Dieu le créateur à participer aux infirmités de sa créature?

●

Il est permis de faire le sot en toute espèce de
chose, si ce n'est en ce qui regarde la poésie : *Un
poète médiocre*, dit Horace, *est insupportable aux dieux,
aux hommes, aux colonnes mêmes où les affiches an-
noncent ses ouvrages*. Plût à Dieu que cette sentence
se trouvât sur l'enseigne de tous nos imprimeurs,
pour défendre l'entrée de leurs boutiques à tant de
méchants versificateurs ! *Mais, personne*, ajoute Mar-
tial, *n'a si bonne opinion de son mérite qu'un mauvais
poète*... Quels peuples que ceux de l'ancienne Grèce !
Denys le père n'estimait rien tant de soi que sa poésie :
il envoya aux Jeux Olympiques, avec mission d'y
présenter ses vers, nombre de déclamateurs et de
musiciens, qu'il avait fait accompagner de tentes et
de pavillons, où l'on voyait se déployer toutes les
magnificences royales. Quand on se prit à réciter sa
poésie, la pompe du débit et l'excellence de la pro-
nonciation attirèrent tout d'abord l'attention des au-
diteurs ; mais, lorsqu'ils vinrent ensuite à réfléchir
sur l'ineptie du poème, le mépris qu'ils en firent,
ayant peu à peu aigri leur esprit et enflammé leur
colère, les jeta bientôt en une si violente furie
que, sans montrer plus d'égards ni conserver plus de
respects pour le roi que pour le poète, ils coururent
incontinent renverser et mettre en pièces ses tentes
et ses pavillons : que n'avons-nous encore de pareils
peuples !

Lorsque l'épargne en est une fois venue à franchir les bornes d'une sage et stricte prévoyance, d'une juste et sévère économie, elle ne tarde pas à dégéné-rer en avarice.

L'avaricieux a plus mauvais compte de son avarice, que n'a le pauvre de sa pauvreté : il y a parfois moins d'inconvénients à perdre sa vigne, qu'il ne s'en trouve à la plaider.

Les richesses ne sont vraiment un bien, que pour qui sait en faire un usage modéré à la fois et hono-rable; d'où il résulte qu'elles ne peuvent être envi-sagées à ce titre, dans les mains soit de la parei-monie ou de la prodigalité, lesquelles en abusent également, l'une par les entasser et par n'en point user, l'autre par les dissiper et par en mal user.

Le prodigue, s'il diffère de l'avare par un prompt détachement des richesses qu'il possède, ne laisse pas de lui ressembler par une soif d'acquérir tou-jours renaissante.

La colère est une passion qui semble se complaire en elle-même, et rechercher la contradiction comme un élément propre à relever ses forces et à les tenir

en haleine; aussi, la vérité ne sert-elle parfois qu'à
redoubler son aveuglement, et l'innocence qu'à faire
éclater ses injustices. Il n'y a pas jusqu'au silence
même, quand surtout il provient du mépris, qui
n'excite au plus haut point ses transports; et c'est
pourtant la meilleure arme qu'on puisse, en mainte
occasion, opposer à ses emportements, la seule arme
du moins contre laquelle doivent nécessairement s'é-
mousser tous ses traits, et s'amortir toutes ses vio-
lences.


Il n'y a point de passion qui ébranle tant les ressorts de la raison, et qui fausse plus ses jugements,
que la colère; et la première loi pour tout homme, qui,
par position et par devoir, peut se trouver contraint
à infliger des châtiments, c'est d'apprendre à com-
primer l'effervescence de sa bile, afin d'être en état
de se rendre maître de lui-même, toutes les fois qu'il
s'agit de punir.


Mieux vaut encore, s'il n'est pas en notre pouvoir
de dompter notre colère, la laisser, fût-ce même sans
beaucoup de raison, agir et se dissiper au dehors,
que de la concentrer au fond de notre cœur, au risque
de la voir sévir avec d'autant plus de violence contre
nous-mêmes.

Aristote dit que « la colère sert parfois d'arme
ertu et à la vaillance. » Cette proposition parait s
enable : mais, ceux qui la contredisent, répon
laisamment que « c'est une arme d'un nouvel usa
ar elle nous tient, et nous ne la tenons pas ; au
ue ce soit notre main qui la guide, c'est elle
uide notre main ; enfin, nous remuons et agi
es autres armes, et c'est cette arme au contraire
nous remue et nous agite. »

---

## CHAPITRE XXVII.

### DE LA SAGESSE.

Les sages, dit le vieux Caton, ont plus à appre
des fous, que les fous des sages.

La sagesse a ses excès, et n'a pas moins be
d'être modérée que la folie.

— Il n'est point rare de voir les meilleures in
tions, si elles ne sont conduites avec prudence, pou
les hommes à de fort méchants effets.

— Il est plus aisé de se représenter un sage tout près de devenir fou, qu'un fou sur le point de devenir sage.

— Trop d'imagination peut nous faire, en un moment, passer de la plus subtile sagesse à la plus subtile folie, comme trop de santé menace quelquefois de nous précipiter tout à coup de vie à trépas.

— Toute vertu a ses bornes ; quiconque va au-delà, se jette aveuglément sur le terrain du vice : franchissez les limites de la vaillance, dans lesquelles, d'ailleurs, faute de les pouvoir bien connaitre, il est si malaisé de se maintenir, et vous voilà en péril de passer de l'obstination à la témérité, et de la témérité à la folie.

Les stoïciens disent qu'il y a entre les sages de si grands rapports et de si actives sympathies, que, tel sage qui prend sa réfection à Athènes, son compagnon s'en voit repu en Égypte; et que, tel autre qui, n'importe le pays où il se trouve, vient seulement à étendre le doigt, tous les sages de la terre habitable en reçoivent aussitôt une égale assistance.

Il n'y a point, parmi les hautes leçons de la sagesse, de plus utile enseignement, que celui qui nous prescrit de mesurer nos désirs à nos moyens.

— La plus basse marche est la plus ferme et la plus assurée : c'est le siége de la constance; vous n'y avez besoin que de vous; elle se fonde là, et s'y appuie toute en soi.

— « *Contentez-vous de ce que vous possédez :* » précepte salutaire, mais qu'il est plus facile aux hommes de comprendre que de pratiquer; car, ce qu'il prescrit de faire touche au point culminant de la raison, et se rattache à l'essence même de la sagesse.

Nous devons nous adonner aux meilleures règles, mais non pas nous y asservir, si ce n'est à de certaines règles, peut-être, auxquelles notre sujétion nous semblerait nécessitée, soit par les premiers devoirs de notre état, soit par les premiers besoins de notre nature.

— Notre vie doit se partager entre la réflexion, le travail et le repos. Il serait tout aussi impossible de toujours penser ou de toujours agir, que de toujours veiller ou de toujours dormir. On a donc peine à concevoir la prétention de certains philosophes, dont la doctrine se propose de nous conduire à une vie purement méditative, de telle sorte que nous en venions jusque là, peut-être, d'avoir l'esprit aux nues, pendant que nous avons le corps à table. Sachons faire à

propos ce que nous prescrivent les conditions licites
de notre état ou de notre nature : si c'est là blesser
les maximes de leur étrange philosophie, c'est obéir
du moins, ils ne le sauraient nier, aux principes
essentiels de la saine raison et de la véritable sagesse.

— Toutes choses ont leur saison, hors de laquelle
il n'y a plus que folie à vouloir les entreprendre.
Conserver sur ses vieux ans les goûts et les passions
de la jeunesse; venir s'asseoir sur les bancs d'une
école, pour apprendre ce qu'on devrait avoir honte
d'ignorer, et que la mémoire n'est plus même en
état de retenir; torturer son corps demi-paralysé
par les glaces de l'âge, dans l'espoir de le rompre à
des exercices, dont l'apprentissage réclame toute la
vigueur et toute la souplesse des plus belles années;
vouloir, en un mot, recommencer de vivre à l'heure
où l'on devrait s'apprêter à bien mourir, c'est mé-
connaitre, à ses dépens, et les lois de la nature et les
enseignements de la raison.


Plus les sujets, tels que le vice, la mort, la pauvreté et les maladies, tendent l'esprit et captivent la
pensée, plus les préceptes qu'y rattache la sagesse
doivent être simples, modérés et praticables, de peur
que les âmes d'une commune trempe, dont la faiblesse a besoin de ménagement, n'hésitent et ne re-

culent à l'idée de combats qui ne laisseraient à leurs efforts ni trêve ni relâche.

Nous éprouvons d'autant plus de plaisir, soit à nous rencontrer parmi les hommes, soit à nous aider de leur concours dans les urgentes nécessités de la vie, que, par l'étude des hautes sciences jointe à la pratique de toutes les choses usuelles, nous avons su nous mettre en état de pouvoir, en toute occasion et pour toute espèce de besoin, nous suffire à nous-mêmes.

Toute sorte de chose que ce soit, lorsqu'elle ne fait que de naître, est si faible et si ténue, qu'elle échappe sans peine à la perception de nos sens : c'est donc à ce moment surtout qu'il faut avoir les yeux ouverts; car, de même qu'à raison du peu de consistance et de développement qu'elle offre à son origine, on n'en découvre point le danger, de même, quand elle est parvenue à un certain degré de force et de croissance; on n'en découvre plus le remède.

— On voit des sages d'une complexion robuste à la fois et patiente, qui, par les austérités et les souffrances qu'ils imposent à leur courage, accoutumant leur âme à secouer le joug des passions, et à défier les rigueurs de la fortune, poussent la pratique des plus hautes vertus jusqu'à l'héroïsme. Ce sont-là des modèles que nous devons admirer, mais que nous ne pouvons espérer d'atteindre ; le plus sûr pour nous, âmes communes et de tout point vulnérables, c'est de fuir les occasions, sans même attendre qu'elles viennent frapper à notre porte ; c'est de nous garantir de l'orage bien avant qu'il éclate ; c'est, enfin, de nous dérober aux coups que nous ne saurions parer. Il est plus aisé d'éviter les tentations que de transiger avec les passions : qui parvient à se dégager autant qu'il le peut des attachements de ce monde, sans s'inquiéter des actions ni des jugements de la multitude, gagne en sécurité tout ce qu'il sacrifie de stériles désirs ou de trompeuses jouissances, et ne laisse pas de mériter à quelque juste droit le nom de sage. Ce chemin n'est pas celui de la gloire, mais c'est celui du moins et du repos et du bonheur.

---

# CHAPITRE XXVIII.

## DE LA CONNAISSANCE DE SOI-MÊME.

Il n'y a sans doute pas de précepte plus utile, et d'un effet plus important, que celui de « *se connaître soi-même,* » puisqu'Apollon, ce Dieu de la science et de la lumière, le fit placer jadis au frontispice de son temple, comme renfermant tout ce qu'il avait de mieux à conseiller aux hommes. Platon dit à son tour que la sagesse n'est, à proprement parler, que la rigoureuse observation de cette ordonnance. Les difficultés et les obscurités n'apparaissent en toute espèce de sciences, que du moment où l'on commence à les pénétrer; car, encore, faut-il avoir à un certain degré l'intelligence des choses, pour être induit à reconnaître qu'on les ignore; de même qu'il faut pousser une porte qui résiste, pour savoir si elle est ouverte ou fermée. Or, cette science de « *se connaître soi-même,* » ce qui prouve que personne n'y entend rien, c'est cet air de satisfaction et de résolution que tout le monde se donne, pour démontrer qu'il y est suffisamment entendu; ainsi que Socrate l'apprend à Entydème, en Xénophon.

— Il semble que la nature ne pouvait mieux faire que de rejeter au dehors l'action de notre vue, et de nous épargner ainsi la honte perpétuelle de découvrir en nous-mêmes les misères et les vanités qui nous offusquent dans les autres.

— Chacun peut devenir pour soi-même un sujet précieux d'études et un fonds inépuisable d'enseignements; il ne lui faut, pour cela, que s'observer de près, et travailler à se bien connaître.

— Les hommes ne recourent généralement aux appuis étrangers, que faute de s'être étudiés, et d'avoir appris à compter sur eux-mêmes.

— C'est avec raison que les philosophes nous renvoient aux règles de la nature. Mais, gardons-nous de l'interroger dans leurs écrits; elle ne nous y apparaîtrait que hautaine, changeante et tyrannique. Si nous la cherchons, si nous la consultons, que ce soit au dedans de nous-mêmes, où, grands et petits, princes et sujets, nous la trouverons simple, facile, égale enfin pour tous tant que nous sommes; car notre vie, quelque haut ou quelque bas que nous soyons placés, est toujours une vie que tous les accidents humains regardent. C'est donc en nous, et non pas en autrui, que nous devons apprendre à nous connaître. La nature a pourvu chacun de nous d'assez de prudence, pour qu'il sache à quoi s'en tenir sur toutes les choses dont il peut avoir principalement besoin. Appliquons-nous à rectifier nos erreurs par l'étude et par l'expérience de nos propres fautes; il ne saurait y avoir pour nous d'instruction plus importante et plus profitable.

# CHAPITRE XXIX.

## DU JUSTE ET DE L'INJUSTE.

Quelque bonne qu'une action soit en elle-même, elle ne peut être juste, quant à celui qui la fait, que lorsqu'il s'y porte volontairement : la grâce et l'honneur d'une action résultent, non seulement de ce qu'elle est bonne, mais encore de ce qu'elle est libre.

L'égalité tient par tous les points à l'équité, dont elle est à la fois le premier principe et la dernière conséquence.

Il est des règles de justice, dont nous ne pouvons nous affranchir, pour l'intérêt même de la cause la plus sainte et la plus légitime, sans blesser les lois de la raison, sans dépasser les bornes du devoir, sans transformer notre zèle en esprit de désordre et de sédition.

Toutes choses ne sont pas loisibles à un homme de
bien, et l'utilité publique ne peut requérir du plus
ferme courage, qu'au préjudice de ses droits privés
et au mépris des premiers devoirs de la nature, il
frappe sans pitié, durant le combat, un père, un hôte
ou un ami, que les caprices de la fortune auront jeté
dans la mêlée, parmi ceux du parti contraire. C'est
ainsi que l'entendait Épaminondas, cet homme grand
par excellence, qui, loin de permettre qu'on disposât
de la vie d'un ennemi vaincu, voulait même que,
lorsqu'il s'agissait de délivrer son pays du joug de la
servitude, on fît conscience d'en immoler l'oppres-
seur, avant qu'il eût été soumis aux formes régulières
de la justice.

Il n'y a point de pire injustice que celle que sanc-
tionne la loi, et que consacre le magistrat au nom et
sous l'autorité de la justice.

Rien de moins juste et de moins tolérable que la
corruption tenue en honneur, par mesure d'ordre et
de nécessité.

Notre justice ne nous présente que l'une de ses mains, et encore n'est-ce que la gauche ; quiconque en sort, ce ne peut-être qu'avec perte.

—

C'est un usage peu digne de la justice, et par la pratique duquel les lois ne se trouvent pas moins blessées que par la bassesse même du crime, que celui qui consiste à employer la ruse et l'artifice pour surprendre les aveux d'un coupable.

❦

Le but que se propose la justice, en frappant un coupable, c'est, non pas de le punir d'une faute que sa mort ne saurait en aucune sorte réparer, mais d'abord de l'empêcher de faillir de nouveau, mais surtout d'arrêter, par la crainte du châtiment, ceux qui seraient tentés de suivre son exemple.

❦

C'est par le réglement des mœurs plutôt que par la

rigueur des institutions, qu'on peut espérer de faire
naître et de voir s'étendre parmi les hommes l'amour
de l'ordre et de la justice.

La torture est une institution barbare, qu'il est
permis de considérer, dans son application, comme
un essai de patience plutôt que de vérité. En effet, il
peut avenir qu'à raison de la force ou de la faiblesse
de leur complexion, le coupable et l'innocent trompent également le vœu du législateur, et donnent tous
les deux le change à la justice : l'un, en consacrant
pour ainsi dire les souillures de sa conscience, par
sa fermeté à soutenir des maux que lui rend plus
que supportables l'effroi du dernier supplice ; l'autre,
en flétrissant en quelque sorte la pureté de la sienne,
par les aveux mensongers que lui arrachent des tourments, dont la mort ne lui semble pouvoir venir trop
tôt terminer la rigueur et l'ignominie.

Ou les lois de la justice contredisent, parmi nous,
celles de l'honneur, ou les lois de l'honneur celles de
la justice. En effet, d'où vient que les unes condamnent aussi rigoureusement un démenti souffert, que
les autres un démenti vengé? D'où vient que, suivant
les maximes consacrées par l'esprit militaire, tel se
couvre d'opprobre, qui supporte patiemment une offense reçue, et que, suivant les prescriptions établies

en vue de l'intérêt civil, tel soit puni de mort, qui n'a pu recevoir un outrage, sans en tirer aussitôt vengeance? D'où vient qu'en s'adressant aux lois, pour obtenir la réparation d'une insulte faite à son honneur, celui-ci se déshonore, et que celui-là, parce qu'en pareille occurrence, il ne s'adresse qu'à soi-même, affronte l'extrême sévérité des lois, et se joue aux rigueurs du dernier supplice? Mais, placez, pour un moment, l'homme d'épée sur le siège de l'homme de robe, et transportez l'homme de robe sur le terrain de l'homme d'épée : voyons si, en intervertissant ainsi les états, vous n'allez point, par la même occasion, métamorphoser également les opinions et les caractères? Or, dites-moi, dès-lors, si le savoir du juge exclut l'honneur, ou si le courage du soldat renie la vertu? si, du moins, l'honneur de l'homme de justice n'a rien de commun avec celui de l'homme de guerre, ou si la vertu de l'homme de guerre n'a rien de conforme à celle de l'homme de justice? Dites-moi s'il n'y a que des sages sous la robe, et que des fous portant l'épée? s'il existe de certaines professions qui aient la puissance de donner la sagesse, et de certaines autres la propriété inverse de faire perdre la raison? O peuple sérieux à la fois et frivole! ô nation généreuse tout ensemble et téméraire! Et qui donc a jamais douté de ton honneur et de ta justice? Ce sont ces doubles lois que tu t'es faites sans nécessité, ces lois dont l'inconséquence t'insulte à toi-même, et l'exagération t'échauffe à la raison aussi-

bien qu'à la folie ; ce sont ces lois qui mentent inconsidérément les unes aux autres, qu'il te faut rayer
enfin de tes usages caducs et de tes codes séculaires :
l'honneur et la justice ! mais, ils s'accorderont bien
mieux au fond de ton cœur, dès que tu auras anéanti
la fausse honte dans tes mœurs et le stérile talion du
sang dans tes livres !

----

# CHAPITRE XXXI.

### DE LA RELIGION.

Il n'y a rien de plus aisé à contrefaire que la dévotion, si l'on n'y conforme ses mœurs et l'ensemble
même de sa vie : l'essence de la dévotion est occulte
et abstruse, tout au contraire de ses apparences, qui
sont d'une pratique facile, lorsqu'elles ne vont pas
au-delà des formes pompeuses, mais alors infertiles
du culte extérieur.

— C'est une dévotion peu recommandable, et qu'on
paraît tenir en une trop haute valeur, qu'un zèle qui,
n'étant aiguillonné que par les lois et par les préceptes, vient, sous le double empire de la crainte et
de l'espérance, offrir à Dieu de publics témoignages

de foi, convaincu que tout est dit alors avec la justice divine, et qu'il suffit d'une étroite et vulgaire croyance, pour couvrir de mauvaises mœurs, et pour autoriser une honteuse vie. Funeste enseignement! Exemple déplorable! C'est par là qu'on pervertit la morale publique; c'est par là que, desséchant au fond des cœurs les germes de la raison universelle, on habitue les peuples à ne plus voir, à ne plus comprendre l'énorme distinction qui existe entre la piété de convenance et la piété de conscience.

— Nous sommes chrétiens, d'ordinaire, bien plutôt par accident et par habitude, que par choix et par conviction : nous sommes chrétiens au même titre que nous pouvons être français ou allemands.

— Il semble qu'une preuve incontestable de la vérité du christianisme, et de l'excellence de cette institution divine sur toute espèce de croyance purement humaine, ce devrait être la vertu de quiconque se glorifie d'appartenir au monde chrétien. Mais, loin de là, comparez nos mœurs à celles d'un païen ou d'un mahométan, et vous verrez que, quelqu'étranges et quelque difficiles pratiques que leur impose le culte que chacun d'eux professe, ils ne laissent pas, néanmoins, d'y conformer et leurs volontés, et leurs actions, et, en un mot, toute leur vie; bien différents de nous autres chrétiens, qui, démentant sans cesse, par nos honteux déportements, une doctrine dont l'exaltation passe rarement de nos lèvres au fond de notre cœur, paraissons ne faire trophée de notre foi, qu'afin de faire accroire à autrui que nous croyons ce que nous ne croyons pas, si ce n'est que nous cherchions à nous le faire accroire à nous-mêmes, dans l'ignorance où nous sommes de ce que c'est que croire.

— Rarement notre zèle chrétien se montre-t-il plus ardent que lorsqu'il est hostile, et que la religion, que nous affectons de servir, n'est qu'un lâche prétexte dont nous nous prévalons pour autoriser nos haines, nos vengeances, nos cruautés, nos rapines, nos rebellions; comme s'il était permis de croire que Dieu, qui promet son secours à une foi pure et sincère, agréant pour dévotion notre hypocrisie, souffre jamais que cette religion qu'il nous a donnée pour extirper nos vices, nous puissions l'employer impunément à nourrir nos passions, à sanctionner nos crimes.

— Le zèle armé des princes commande la haine des peuples, et tue la religion.

C'est une profanation de nos saints mystères, qu'on les ait répandus parmi les dernières classes du peuple

et qu'ils se trouvent ainsi livrés aux téméraires interprétations de la sottise et de l'ignorance.

— Il y a deux sortes de chrétiens qui puisent également, soit dans la simplicité, soit dans la pénétra-
tion de leur intelligence, une foi sans doute, sans
mélange et sans restriction; mais, d'une moyenne
vigueur d'entendement, s'engendre assez ordinairement la vanité, de la vanité, l'erreur, et de l'erreur,
le schisme ou l'incrédulité.

— Les disputes religieuses servent moins à endor-
mir qu'à éveiller les schismes, et moins à détruire
qu'à propager les hérésies.

Parmi cette foule de charlatans, qui font état de
spéculer sur la crédulité publique, il n'en est pas
dont l'imposture ait plus de chances de crédit, mais
de résultats parfois plus funestes, que ces soi-disant
interprètes des volontés divines, qui, se prévalant de
notre ignorance, donnent pour témoignage et pour
affermissement à la religion le bonheur et la prospérité de nos entreprises. Prophètes sans mission comme
sans prévoyance, ils s'inquiètent peu que les événements contraires viennent démentir leurs prédictions,
et que notre foi même s'en trouve ébranlée! C'est un
danger sans contredit pour les esprits faibles et peu
éclairés; mais, il suffit aux vrais chrétiens de savoir

que les desseins de Dieu sont impénétrables, et que
toutes choses pourtant émanent de sa providence,
pour accepter avec la même gratitude et tous les biens
et tous les maux , selon qu'il entre dans les vues de
son incompréhensible sagesse de nous les envoyer
tour à tour en partage. Immuable comme la vérité,
notre foi ne peut non plus s'appuyer de nos moindres
succès, qu'elle ne doit se décourager de nos plus
grands revers : ce serait donner une base trop fragile à notre sainte religion, que de l'asseoir sur l'ins-
tabilité des choses humaines. Loin de vouloir confondre nos jugements par la répartition des biens et des
maux, qu'on dirait qu'une puissance aveugle opère
indistinctement ici-bas entre les bons et les méchants,
Dieu prétend au contraire nous prouver par là que les
bons ont autre chose à espérer, et les méchants autre
chose à craindre, que les prospérités et les adversités
de ce monde.

— C'est un don de Dieu que la divination : aussi,
ne saurait-on regarder comme excusables, sous aucun
prétexte, les mensonges de nos prétendus inspirés du
ciel, lorsqu'on arrive à constater la preuve de leur
fourberie. De même qu'on doit pardonner à ceux qui
viennent à faillir involontairement dans la conduite
des affaires humaines, quand il est suffisamment démontré qu'ils y ont fait tout ce qui pouvait dépendre
de leurs forces et de leurs lumières ; de même ne faut-
il pas laisser de punir de toute la sévérité des lois ceux

là qui, se donnant pour doués d'une faculté surnaturelle, dont le merveilleux passe notre intelligence, abusent d'autant plus aisément de notre crédulité, qu'il ne nous est permis de reconnaître la fausseté de leur soi-disant prescience, que par les résultats parfois désastreux, où, contrairement à nos espérances, nous pousse la téméraire séduction de leurs impostures.

---

# CHAPITRE XXXII.

### DES PRIÈRES.

Qui s'accuse à demi, ne mérite point le pardon de ses fautes : la pénitence demande à se charger.

— La confession libre et franche énerve le reproche et désarme la colère.

— On blâmait Aristote d'avoir été trop miséricordieux envers un méchant homme : « J'ai, dit-il, été miséricordieux envers l'homme, non envers la méchanceté. »

— Dieu n'a jamais entièrement abandonné le pécheur : sa miséricorde est infinie; mais, pour nous

en rendre dignes, il ne suffit pas de prier, il faut
surtout nous repentir.

— Qui ne se repent qu'à demi de ses fautes, semble
moins près de s'amender que de faillir encore.

— Être dévot et dissolu, prier et ne s'amender
point, c'est appeler deux fois sur sa tête la colère de
Dieu.

— On ne saurait se donner à Dieu, tant qu'on appartient à Satan.


Dieu n'agrée non plus toutes nos prières, qu'il ne
protège tous nos desseins et toutes nos entreprises.

— Dieu sait mieux ce qui nous convient ou ce
qui nous est dû, que nous ne pouvons le savoir nous-
mêmes ; le souhait donc le plus profitable qu'il nous
appartienne de faire entrer dans nos prières, c'est
de lui demander, suivant l'usage des chrétiens,
« *Que sa volonté soit faite.* »

# CHAPITRE XXXIII.

## DU FATALISME.

Le fatalisme est la doctrine de ceux qui n'admettent d'autre cause de l'univers, et de tous les événements quelconques de l'univers, que la fatalité ou le destin. C'est une sorte de croyance aveugle et téméraire, qui, lorsque l'imagination en est profondément imbue, pousse les hommes aux dernières conséquences du bien ou du mal, par l'exaltation soit de leurs vices, soit de leurs vertus.

# CHAPITRE XXXIV.

## DE L'ATHÉISME.

L'athéisme est une aberration volontaire de certains esprits superficiels, qui, visant à la singularité, affectent, comme par contenance, de décroire ce que tout le monde croit, sauf à embrasser, au premier

danger tant soit peu pressant, les croyances les plus
absurdes, et les plus extrêmes superstitions; gens au
cerveau léger et mobile, dont la vanité ou la faiblesse
fait toute la conscience, et dans l'âme étroite desquels il y a peu d'espoir que pénètre et s'établisse
jamais la foi vive et robuste d'un vrai chrétien.

---

# CHAPITRE XXXV.

## DES AFFECTIONS HUMAINES.

La vertu accordée aux êtres de se reproduire,
est, selon Socrate, une faculté divine; le besoin d'aimer un désir d'immortalité, et l'amour lui-même un
des génies de l'ordre supérieur, un des démons de la
sphère éternelle.

L'Amour est un dieu félon : il se fait un jeu de
lutter contre la dévotion et contre la justice; c'est
surtout son ambition et sa gloire, que sa puissance
brave toute autre puissance, et qu'il n'y ait point de
lois qui ne le cèdent à ses propres lois ; en un mot,
comme le dit Ovide : « *Il cherche incessamment matière à ses excès.* »

Il nous arrive quelquefois d'aimer, sans pouvoir nous en empêcher, deux choses diverses, et à l'égard desquelles nos vues se contrarient : Isocrate disait que la ville d'Athènes plaisait ainsi que plaît une femme qu'on sert par amour; chacun aimait à s'y rendre, afin d'y passer son temps; nul ne voulait l'épouser, c'est-à-dire y prendre ses habitudes, et fixer là son domicile.

l'Amitié est le plus grand et le plus noble besoin de la nature. La difficulté consiste à découvrir, non pas quelqu'un qui éprouve un pareil besoin, mais quelqu'un qui soit vraiment digne d'inspirer un pareil sentiment.

— Rien n'est plus difficile à trouver qu'un véritable ami, s'il avient toutefois que jamais on le trouve.

— Heureux, disait l'ancien Ménandre, celui qui a pu rencontrer seulement l'ombre d'un ami !

— On ne peut aimer d'une égale et parfaite amitié deux personnes en même temps. Mais, rencontrer à la fois deux personnes également et parfaitement dignes d'être aimées, c'est une chose qui paraît tout

aussi impossible : rien n'est extrême, qui a son pareil.


L'amitié n'est, pour l'ordinaire, qu'un commerce
intéressé, où le cœur n'a point de part.

—Une véritable amitié ne se montre intéressée que
sous le rapport du service d'autrui.

— L'amitié n'étant qu'une âme en deux corps, selon la définition si juste d'Aristote, tout devient
commun entre de vrais amis.

— Dans l'amitié, celui qui reçoit fait preuve de
plus de libéralité que celui qui donne.


Il n'y a d'amitié possible qu'entre les gens de
bien. Ce que forment entre eux des méchants qui se
réunissent, ce n'est pas une alliance : c'est un com-
plot.


L'amitié.a les bras assez longs pour se tenir et
pour s'étreindre d'un bout du monde à l'autre.


Le mariage n'est qu'une image imparfaite d'une
parfaite amitié.

— L'amitié, dont la cause et le but sont également désintéressés, ne peut être un sentiment durable qu'entre personnes libres. Le mariage donc, par cela même que sa durée est contrainte et forcée, ne semble pas y être propre ; et l'on a d'ailleurs peu d'exemples qu'une amitié véritable et constante se soit établie entre deux individus de sexe différent : un pareil commerce, pour qui parviendrait à le réaliser, serait l'essence du bonheur, le comble de la félicité.

L'amour paternel doit être un sentiment tout à la fois de raison et de bienveillance, qui, nous portant à pourvoir aux moindres besoins de nos enfants, et à leur adoucir, autant qu'il dépend de nous, les premières aspérités de cette vie, nous gagne leur respect par l'ascendant de notre vertu, et les range au devoir par l'exemple de notre justice. Les privations, les verges, les châtiments, en un mot rien de ce qui tient de la contrainte et de la violence, ne peut qu'étouffer dans une âme tendre tous les germes de l'honneur et de la liberté, et ne tend qu'à inspirer à nos enfants le dégoût de la vie et le désir de la mort, s'ils ne vont, horrible pensée dont nous serions bien coupables de leur avoir fourni l'occasion, jusqu'à hâter de leurs vœux parricides le terme de notre propre existence !

—Quel spectacle plus ridicule que celui d'un vieillard, qui, n'ayant plus en main que la faiblesse et
l'impuissance, prétend retenir dans une étroite et
honteuse sujétion ses enfants devenus hommes !
comme si, au lieu de chercher à se faire craindre
il n'était plus doux et plus honorable de parvenir à
se faire aimer. Où tend cette morgue austère et dédaigneuse? Que signifie cette contenance rogue et
tyrannique? Dépouillez tout ce vain simulacre d'une
autorité, que ne laisse pas de démentir votre sang
glacé dans vos veines. Ils ont pour eux la jeunesse,
et par conséquent le vent et la faveur du monde;
gardez bien, quant à vous, que votre injustice et
votre folie ne vous rendent à leur égard un sujet d'ennui ou de risée. Mais, s'il est vrai que tant de sévérité ne provienne que de l'appréhension de compromettre, en vous communiquant à vos enfants, l'auréole sacrée de chef de famille, songez combien de
coups imprévus menacent de les frapper avant le
temps, et de vous les ravir malgré votre vieillesse.
Attendez-vous enfin que la tombe se soit à jamais
refermée sur ces objets de vos plus chères et plus
nobles espérances, pour vous avouer à vous-même
combien peut contenir d'amour le cœur d'un père?

—Quoi de plus satisfaisant pour un père sur le
déclin de l'âge, que de se voir, avant sa mort, revivre
tout entier dans ses enfants, par le soin qu'il a pris
de les initier au train de ses affaires, et de leur lé

guer d'avance le passé, pour être sûr d'entrer avec
eux en partage de l'avenir?

---

## CHAPITRE XXXVI.

### DES OFFICES.

La première loi que nous ayons reçue de la nature,
c'est qu'avant de nous devoir aux autres, nous nous
devons d'abord à nous-mêmes : se dévouer aux intérêts d'autrui, et négliger le soin de ses propres affaires, ce n'est, à proprement parler, le fait que
d'un brouillon ou d'un fou.

On peut se prêter à autrui; mais, il ne faut se
donner qu'à soi-même.

En fait de présents ou de grâces, celui qui reçoit
engage beaucoup plus du sien que celui qui donne,
car il sacrifie à qui l'oblige une partie de sa liberté,
sans pouvoir jamais la racheter qu'à demi par les
témoignages même de la plus vive gratitude.

FIN DE LA PREMIÈRE PARTIE.

# DEUXIÈME PARTIE.

---

## CHAPITRE I<sup>er</sup>.

### DE L'ÉDUCATION.

La nature exerce sur nous une grande influence; mais, les traces n'en sont pas si profondes, qu'elles ne doivent s'effacer et se perdre sous les formes nouvelles que nous fait prendre l'éducation.

— Il n'y a point de nature si vicieuse, où un maître expérimenté ne puisse découvrir quelque côté maniable et contournable : mettez un cheval rétif et poussif entre les mains d'un habile écuyer, toujours il en saura tirer plus ou moins de service.

— C'est peu que l'éducation ne nous fasse pires; il faut surtout qu'elle nous rende meilleurs.

Les inclinations du jeune âge sont une chose trompeuse et difficile à bien saisir. Aussi, n'a-t-on rien de mieux à faire, dans le doute où l'on se trouve de

17

ce qui doit leur être le plus propre, que d'acheminer les enfants à ce qui peut leur devenir un jour et le plus utile et le plus honorable.

— On demandait à Agésilas ce qu'il était d'avis que les enfants apprissent : « Cela qu'ils devront faire, répondit-il, lorsqu'un jour ils seront hommes. »

La colère et la violence, et tous les châtiments que la raison ne rend pas indispensables, doivent être irrévocablement bannis de tout bon plan d'éducation. Et l'on parvient peut-être mieux à discipliner la jeunesse par l'attrait du plaisir, que par la force et la contrainte.

— Ce n'est que dans le cas extrême où la raison se trouve à bout de champ, qu'il semble permis de recourir aux peines corporelles, pour ramener à de meilleures inclinations les mauvais disciples ; comme on emploie le feu et la force des coins pour redresser les courbures d'un bois difforme et rebelle.

La loi, dans un État sagement administré, devrait, au lieu d'abandonner indiscrètement l'enfance à la merci de parents injustes et barbares, pourvoir au contraire à tous les soins de son éducation, et prendré à tâche de l'approprier aux intérêts bien entendus de la chose publique.

L'autorité de celui qui enseigne, dit Cicéron, impose souvent, et nuit, par cette seule raison, à celui qui veut apprendre : Socrate, et, depuis, Archésilas, ne parlaient à leurs disciples, qu'après les avoir fait d'abord parler eux-mêmes.

C'est une chose indécente, à part cela qu'elle nuit à la santé, que de manger avidement. Diogène, rencontrant un enfant qui mangeait de la sorte, ne put se tenir de donner un soufflet à son précepteur. Il y avait à Rome des individus qui enseignaient à manger, aussi-bien qu'à danser, de bonne grâce.

---

# CHAPITRE II.

## DU SAVOIR-VIVRE.

La science de l'entregent a cela d'inappréciable, qu'à raison de la déférence qu'elle les oblige à se témoigner entre eux, elle met les hommes à même de s'instruire par les préceptes comme par les exemples les uns des autres.

Ce qui fait que nous tirons en général si peu de fruit du commerce des hommes, c'est que nous y apportons plus de souci de faire savoir aux autres quels nous sommes, que d'apprendre d'eux quels ils peuvent être, et plus de penchant à leur découvrir ce que nous croyons manquer à leur instruction, qu'à leur permettre de nous éclairer sur ce qu'il nous faudrait acquérir pour compléter la nôtre : le silence et la modestie sont, de toutes les qualités, celles qui facilitent le plus nos progrès dans la science du monde, et servent le mieux à témoigner de notre savoir-vivre.

C'est une bien choquante incivilité, que celle qui nous fait blâmer tout ce qui ne saurait convenir soit à nos goûts, soit à nos habitudes.

❀

Les beaux dehors du monde sont le plus souvent des effets, non de courtoisie, mais de vanité.

On ne pèche pas moins par excès que par défaut de politesse.

Toute sorte de déférences ne sont également acquises, non plus que toute sorte de jouissances ne
sont également permises à toute sorte de personnes.

La rencontre n'est point rare, dans le monde, de
gens qui se montrent incivils par trop de civilité, et
discourtois à force de courtoisie.

---

## CHAPITRE III.

### DE LA CONVERSATION.

La conversation est l'exercice le plus fructueux
et le plus naturel de l'esprit, tout au rebours de la
lecture, qui, loin qu'elle l'exerce en l'instruisant,
comme on a lieu d'attendre que le fasse l'entraînement de puissantes conférences, finit quelquefois
même par le lasser et par l'allanguir. Mais, nous
devons être fort attentifs au choix des personnes que
nous recherchons pour former un pareil commerce :
autant notre esprit se développe et se fortifie par de
fréquents entretiens avec des esprits réglés et vigou-

reux, autant il s'altère et s'abâtardit par de continuelles communications avec des esprits bas et ma-
ladifs; car, la langueur et la stérilité de certaines
âmes, est peut-être la contagion dont il nous soit le
plus malaisé de nous garantir.

Un parler ouvert ouvre un autre parler; il tire
hors la confiance, et met à nu la sincérité, comme le
pourrait faire le vin ou l'amour.

C'est un plaisir bien fade à la fois et bien nuisible,
que celui de nous trouver sans cesse en compagnie de
gens qui ne savent que nous admirer, sans oser jamais prendre sur eux de nous contredire.

— La contradiction est l'aliment le plus actif de la
conversation.

— La contradiction, qui, dans les entretiens du
monde, ne laisse pas d'exciter notre colère et d'obscurcir notre raison, est pourtant le moyen le plus
sûr et le plus naturel que nous ayons de reconnaître
nos erreurs; loin de chercher à l'éviter, nous devrions au contraire nous empresser de l'accueillir,
quand nous savons qu'elle part de personnes bien-
veillantes, dont les avis tendent plutôt à nous éclairer
qu'à nous régenter. Il convient même que la fran-

chise, entre honnêtes gens, ne soit pas tenue aux formes de la cérémonie, et qu'entre amis, elle puisse aller impunément jusqu'à la rudesse; c'est, chez les uns, la preuve la moins équivoque d'une haute et parfaite estime, et, chez les autres, le témoignage le plus certain d'un dévouément sincère et désintéressé; c'est, enfin, de quelque part qu'elle nous arrive, un acte de bonne foi, que nous ne saurions tenir à injure, sans nous exposer nous-mêmes à faire outrage à la vérité.

L'impatience que témoignent les hommes à supporter réciproquement et leurs défauts et leurs conseils, est un vice également condamnable en ceux qui croient avoir droit de reprendre, comme en ceux qui méritent d'être repris: Les uns seraient moins prompts à blâmer, si, faisant un utile retour sur leur propre conscience, ils voulaient bien reconnaître que, ce qui les offusque chez autrui, le plus urgent serait de le corriger en eux-mêmes; les autres se montreraient moins chatouilleux sur les avis qu'on leur donne, si, au lieu de se faire une maligne joie de les renvoyer à qui les leur adresse, ils ne songeaient qu'au profit qu'ils peuvent retirer de ces jugements tout du moins salutaires. Mais, la charité est une vertu que les hommes paraissent peu jaloux d'appeler à la direction de leur conduite personnelle, et dont il semble qu'ils auraient honte de pouvoir constater l'influence dans la conduite des autres.

---

# CHAPITRE IV.

### DU MÉRITE.

C'est également faillir que de ne pas se voir jusqu'où l'on vaut, ou de prétendre valoir au-delà de ce
qu'on se voit.

–

Telle ou telle espèce de mérite ne va pas également
bien à toute sorte de personnes, et nul ne doit chercher à se faire valoir, que par les qualités particulières et essentielles de son rang et de son état.

La naissance n'est une chose recommandable,
qu'autant qu'elle est accompagnée d'un véritable
mérite.

— Les premiers sièges, en compagnie, sont communément occupés par les plus puissants, mais non
pas toujours, tant s'en faut, par les plus capables :
il y a deux sortes de haut bout à une même table, celui que l'usage fait d'abord offrir à l'homme de naissance ou de fortune, et celui que prend à son tour

l'homme de mérite, n'importe où il lui arrive de s'asseoir ; et c'est une chose assez peu ordinaire, que de voir la grandeur et la *suffisance*, réunies dans un même individu, siéger l'une et l'autre à la même place.

— Nous devons être fort circonspects dans nos jugements sur le mérite des personnes revêtues de hautes dignités : nous ne sommes que trop disposés à croire que la grandeur et la *suffisance*, toujours proportionnées à la taille l'une de l'autre, marchent nécessairement d'un pas égal, et que la fortune ne peut quelquefois tirer un homme du néant, pour le porter d'un seul tour de roue au faîte des honneurs, sans que sa capacité s'élève du même vol au niveau de sa puissance. Mais, que la chance lui devienne contraire, et qu'avec son crédit tombe notre illusion, quelle sévère enquête ne va pas susciter contre lui sa chute aussi imprévue, et moins méritée peut-être que son élévation ! Quelle prompte et funeste expérience n'aura-t-il pas faite de la versatilité des opinions humaines ! Gardons-nous donc bien, semblables à ces peuples idolâtres, qui tiennent pour un Dieu, en le couronnant, celui d'entre eux qu'ils ont choisi pour roi, gardons-nous de déifier des hommes, dont la supériorité sociale, pour grande qu'elle puisse être, n'a rigoureusement droit qu'à nos déférences, et devant lesquels ce serait bassesse que de faire fléchir l'autorité de notre raison ; mais, qu'il ne suffise pas, songeons-y bien encore, que le vent tourne contre eux, et que la tempête les rejette parmi nous, pour que nous les couvrions aussitôt de ridicule et de mépris.

Estimer les hommes capables, ceux-ci de bien mener de petites affaires, parce qu'ils ont bien conduit de grandes entreprises, et ceux-là de se signaler dans les occasions les plus importantes, parce qu'ils se sont fait remarquer dans les événements les plus ordinaires, c'est risquer également de mal conclure; car, les facultés réparties entre tous tant que nous sommes, ont été circonscrites, pour chacun de nous, dans un cercle plus ou moins large, ou plus ou moins étroit, que nous ne pouvons essayer d'étendre ou de restreindre, sans nous jeter au-delà ou eu-deçà du but pour lequel la nature nous avait fait naitre.

Il ne suffit pas que ceux qui sont chargés du soin de présider aux destinées des nations, apportent à l'accomplissement de ce suprême devoir des qualités vulgaires : le souverain, que son esprit et son jugement n'élèvent pas de beaucoup au-dessus du commun des hommes, vaut moins que le dernier de ses sujets; mais, le silence est un moyen dont il peut du moins tirer le plus grand avantage, en ce qu'il lui permet de cacher sa nullité sous l'apparence du res-

pect qu'il se doit à lui-même, et de laisser croire
qu'il ne se tait, qu'afin de se ménager l'occasion de
mieux observer. De combien de gens de peu de valeur
cet expédient n'a-t-il pas servi la fortune, en leur
tenant lieu de prudence et de capacité? Les rois
mêmes ne sont-ils pas les premiers à se laisser prendre à ce piège? Emplois, charges et dignités, que de
fois n'en ont-ils pas revêtu la sottise au préjudice du
talent, par ignorance de ce fait, que celle-là tenait à
ruse et celui-ci à réserve de se taire? Qui s'aviserait
d'ailleurs d'en blâmer les rois, quand, loin de pouvoir apprécier individuellement cette foule de personnes, dont le service de l'État réclame le concours,
ils se voient si souvent réduits à ne fonder leur choix
que sur les plus légères conjectures? Et, s'il arrive
que la voix du peuple désigne à leur suffrage des
hommes, qui n'ont d'autre titre à cette préférence que
le succès de quelque grande, mais unique affaire,
quel témoignage plus incertain encore d'un solide et
et incontestable mérite? On ne s'aperçoit que trop aisément, au train dont marchent les choses du monde,
que la fortune, comme pour se jouer de la présomption humaine, prend plaisir à fouler aux pieds les
droits du génie et de la vertu, et que, secondant, au
rebours même de leurs conseils et de leurs desseins,
les imprudents et les malhabiles, elle les fait heureux
dans l'impuissance où elle se trouve de les faire
sages.

---

# CHAPITRE V.

## DE LA NATURE ET DE L'ART.

La nature, comme pour montrer qu'il n'y a rien
de sauvage dans ce qui n'est conduit que par elle, fait
naitre quelquefois, chez les peuples les moins versés
dans la culture des arts, des œuvres de génie compa-
rables à ce que l'art produisit jamais de plus parfait
et de plus merveilleux, chez les nations même les
plus connues et les mieux accréditées par l'excellence
de leurs productions artistiques.

●

Il n'y a de grâces sensibles et appréciables, pour
une vue grossière comme est le plus ordinairement
la nôtre, que celles qui, s'écartant des formes simples
et naïves de la nature, nous apparaissent chargées
d'apprêt et bouffies d'artifice.

—

Il faut compter au nombre des premières laideurs,
les grâces contraintes et forcées, les ornements ap-
prêtés et disparates, toutes les beautés, en un mot,
où se font sentir le travail et l'artifice.

L'apprêt, par cela même qu'il donne plus à espérer qu'il ne saurait tenir, n'est en possession d'abuser longtemps que ceux dont la vanité croit s'en être fait un moyen de plaire.

Il y a de certaines gens sur qui les belles robes pleurent.

Combien il faut les plaindre, sinon même les haïr, ceux-là qui supportent plus malaisément une robe qu'une âme de travers, et regardent à votre salut, à votre maintien, et jusqu'à votre chaussure, pour décider quel homme vous devez être!

---

## CHAPITRE VI.

### DE LA PHYSIONOMIE.

Il y a sans doute quelque science qui enseigne à connaître les hommes par l'inspection des traits du visage; mais, cette science paraît subordonnée à tant d'éléments et de principes de toutes sortes, ne fût-ce

18

que sous le rapport, soit des dispositions si tran-
chantes que la nature a établies entre les formes générales et constitutives de la beauté et de la laideur
proprement dites, soit des nuances si multipliées
qu'elle a introduites entre les caractères particuliers
et distinctifs des différentes espèces de chacune d'elles,
que ce doit être une appréciation bien hasardeuse et
bien hypothétique de la moralité des individus, que
celle qui ne repose que sur les témoignages d'ailleurs
si variables et si fugitifs de la physionomie.

---

# CHAPITRE VII.

## DE LA BEAUTÉ.

La beauté est le plus noble présent que puisse nous
faire la nature. Dans l'ordre des biens, elle marche
après la santé, mais prend le pas sur la richesse.

— De quel poids et de quelle valeur ne doit pas être
la beauté corporelle, si notre grand roi céleste, lorsqu'il est venu parmi nous, n'a pas dédaigné de s'en
revêtir, pour l'imposer avec tous ses autres mérites à
la vénération des hommes.

— Il semble que la première distinction qui ait

existé parmi les hommes, que la première considération qui ait servi à fonder entre eux la prééminence
des uns sur les autres, ç'ait dù être l'empire de la
beauté.

— On apprécie dans les femmes la beauté de chacun de leurs traits ; on n'estime guère chez les hommes que la noblesse de leur stature.

---

# CHAPITRE VIII.

### DE LA VÉRITÉ ET DU MENSONGE.

Le revers de la vérité est un champ sans limites,
dont l'aspect varie à chaque pas d'une manière si
brusque et si étrange, que nul n'y peut entrer, qu'il
ne s'égare et ne se hasarde. Les Pythagoriciens font le
bien certain et fini, le mal au contraire infini et incertain. Mille nuances s'écartent de plus en plus du
blanc ; ce n'est qu'en les dégradant et les dénuançant
par le pur mélange du blanc même, qu'il est possible
de les y ramener.

Les hommes sont nés pour courir sans cesse après

la vérité; il n'appartient qu'à Dieu de ne point la
chercher : il la porte en lui-même.

Quel malheur d'en être réduits là, que la meilleure
touche de la vérité, ce doive être pour nous le con-
sentement de la multitude, en une presse où le nombre des fous surpasse à un tel point celui des sages!
*Plaisante sagesse*, dit saint Augustin, *qui n'est auto-
risée que par le témoignage d'une foule de sots !*

Comme Aulu-Gelle et Macrobe disent de la vertu,
qu'elle n'est pas plus grande, pour être plus ancienne;
ainsi devons-nous penser de la vérité, que, pour être
plus vieille, elle n'est pas plus sage.

Il n'est pas si dangereux, pour ce qui avient d'une
fable ancienne que pour ce qui résulte d'une drogue
médicinale, qu'elle soit formulée d'une ou de toute
autre manière.

Nul n'est tenu de toujours dire toutes choses ; car
trop de franchise en mainte occasion, ce pourrait bien
être sottise. Mais, ce qu'on dit, il faut du moins qu'il
soit tel qu'on le pense; autrement, ce ne saurait plus
être que fourberie ou lâcheté.

— S'il est un droit, un privilége même qu'il siérait mal aux hommes de dénier à la vérité, c'est celui de prendre avec eux ses franchises, lorsque les conseils qu'elle leur donne ne sauraient lui être suggérés par aucun sentiment d'intérêt personnel.

— Juger et parler toujours avec toute franchise, c'est la première vertu des grandes âmes.

Quiconque a la conscience de ce qu'il vaut, doit à la vérité, alors qu'elle l'en requiert, de s'exprimer sans plus de réserve sur son propre compte, que s'il lui arrivait de se prononcer sur le compte d'autrui.

Les préceptes de la vérité n'échauffent et ne stimulent guère plus notre zèle, que s'ils ne s'adressaient qu'au peuple, et ne concernaient que son intérêt particulier.

Les hommes sont en général si chatouilleux sur le chapitre de leurs vérités, que c'est leur témoigner un dévouement rare et une amitié peu commune, quiconque se hasarde à les leur faire connaitre.

— Ne croyez pas un roi qui se fait fort, pour l'intérêt de sa gloire, d'attendre sans broncher la rencontre de l'ennemi, s'il ne peut même souffrir, pour l'intérêt de son amendement, les paroles de vérité que lui adresse une bouche amie. Or, s'il n'est pas de condition qui réclame à plus de titres que celle des rois, de libres et utiles avertissements, ce n'en est pas moins, vis-à-vis de pareils adversaires, un rude et périlleux essai que celui de la franchise; et s'il est vrai encore que ce soit témoigner de leur force et de leur sagesse, que d'accueillir les conseils qui leur viennent de leurs sujets, de combien d'amour et de courage ne font pas preuve, à leur tour, ceux-là mêmes qui entreprennent de les leur faire entendre?

Il n'y a considération quelconque d'intérêt privé, qui suffise pour nous délier de notre serment, lors même que nous l'aurions fait sous l'influence du danger que pouvait courir notre liberté ou notre vie. Le désaveu de nos promesses ne saurait être, à vrai dire, excusable, que dans le cas où nous nous serions engagés, en dépit de notre conscience, à commettre quelque action illicite et déshonorante; car, les droits de la vertu sont inaliénables, et doivent prévaloir, en tout état de cause, sur les droits même de la foi jurée.

— Nul n'a le droit de manquer à sa parole, si ce n'est peut-être un souverain, quand le danger de l'État lui fait un devoir de recourir à ce remède extrême. Encore, s'il est homme de bien, aura-t-il plus

de regret de forfaire à sa foi et à son honneur, qu'il
n'en aurait de renoncer à la vie ; car, ce sont deux
choses qui doivent lui être plus chères que sa propre
existence, et que l'existence même de son peuple.
Mais, s'il lui faut manquer à l'appel de sa conscience,
il ne saurait la sacrifier à une plus juste et plus impérieuse nécessité. Qu'il s'abandonne alors à la merci de
Dieu, et regarde le sacrifice que sa volonté lui impose,
comme un coup de sa verge divine, comme un ordre
rigoureux, mais salutaire, de son impénétrable sagesse.
Dieu pourrait-il refuser le secours de ses grâces extraordinaires à celui qui ne s'oublie à ce point que pour
l'amour de ses sujets? Pourrait-il ne lui en avoir con-
fié la tutèle, qu'afin qu'il fût contraint un jour à se
perdre lui-même, en se servant du seul moyen qu'il
eût de les sauver ?


Le premier symptôme de la corruption des mœurs,
dans un État, c'est le bannissement de la vérité ; car,
de même que le respect de la parole, cette voie unique
et sacrée des communications de l'intelligence humaine, atteste, chez un peuple, son penchant à s'élever
et à s'ennoblir par l'amour vivifiant de la vertu, de
même le mépris que fait une nation de la sincérité du
langage, témoigne de sa tendance à se dégrader et à
s'anéantir par le culte pernicieux du vice : plus de vérité sur la terre, et tout lien, tout commerce, toute société devient désormais impossible entre les hommes.

---

# CHAPITRE IX.

### DE L'OPINION.

Jamais deux hommes ne jugèrent l'un comme l'autre de la même chose; bien plus, il est impossible de voir deux opinions parfaitement semblables, non seulement en divers hommes, mais en un même homme pris à des heures diverses.

Il n'y a point de système, point de doctrine, point de croyance, point d'opinion même, qu'on ne puisse étayer de quelque preuve plus ou moins fondée en raison.

Il n'y a rien à quoi les hommes apportent généralement une volonté plus ardente et plus tenace, qu'à donner voie et crédit à leurs opinions; où les moyens ordinaires viennent à leur manquer, ils y ajoutent le commandement, l'empire de la force, et, s'il en est besoin, l'aide même du fer et du feu.

Toute opinion est assez puissante pour nous contraindre à l'épouser même au prix de la vie.

L'opinion seule met le prix aux choses, et nous appelons valeur, en elles, non pas ce qu'elles nous apportent de plus ou de moins utile, mais ce qu'il nous faut apporter nous-mêmes pour les acquérir.

— Les hommes, dit une sentence grecque, sont tourmentés, non par les choses pour ce qu'elles sont en effet, mais par ces mêmes choses pour ce qu'ils pensent qu'elles doivent être.

❧

L'opinion exerce une influence si vive, si puissante et si durable sur la volonté des hommes, qu'elle devient communément et le premier mobile de leurs actions, et la règle universelle de leur vie.

— La fortune ne peut rien ni pour ni contre nous, à moins que notre opinion ne la seconde; et c'est de cette opinion, ou plutôt de notre âme qui la tourne et la modifie comme il lui plaît, que dépend notre condition heureuse ou malheureuse.

❧

C'est à tort que nous appelons barbarie tout ce qui

s'éloigne des coutumes et des pratiques reçues dans notre pays; nous devons nous défier, à cet égard, des opinions vulgaires, tant qu'elles ne nous ont pas été confirmées par le témoignage de la raison.

Tel est le propre des erreurs populaires, que chacun de nous les adopte, par la seule raison que d'autres les ont adoptées avant nous ; plus elles vieillissent, plus elles se fortifient.

— En fait d'erreurs populaires, il y a plus loin de rien à la moindre chose, que de la moindre chose à la plus grande. Il suffit, à cet égard, d'un seul croyant, qui, par l'esprit de vanité si naturel à l'homme, s'échauffant aux contradictions qu'il rencontre, et fortifiant les témoignages qui lui furent d'abord allégués, de tous les moyens de persuasion que son amour-propre lui suggère, parvienne à rattacher quelque nouvelle dupe à sa cause, pour que, de proche en proche, l'erreur particulière enfante l'erreur publique, et que l'erreur publique reproduise à son tour l'erreur particulière; c'est ainsi que le conte le plus frivole à son origine, va prenant chaque jour plus de consistance, et finit, avec le temps, par devenir une croyance universelle.

— A moins d'avoir un esprit tout à la fois subtil et prudent, attentif et non préoccupé, capable en un mot de pénétrer le fond des choses, mais ne tenant compte, à cet effet, ni du nombre ni de l'ancienneté des témoignages, il est bien difficile de se former un jugement à l'encontre des opinions humaines, sur des faits généralement admis; car, on est loin communément de supposer que les plus fortes convictions proviennent souvent des sources les plus incertaines, et l'on s'attache à découvrir des causes puissantes, — ce qui fait perdre de vue les causes véritables,—à des croyances qui semblent d'autant mieux fondées, qu'après avoir d'abord saisi les simples, elles ont enfin, grandissant et s'affermissant de jour en jour comme articles de foi, subjugué même les habiles.

— Il ne faut au mensonge que la sanction du temps et la faveur d'un nom recommandable, pour s'accréditer en dépit de la raison, et pour être tenu, sans examen et sans contrôle, aussi digne de respect que la vérité même.

S'il y a rien au monde qu'on doive pardonner à la sagesse, c'est de douter d'une merveille, quand il lui paraît aussi difficile de la prouver que dangereux de la croire.

⊛

C'est une des plus notables folies qu'on puisse reprocher aux hommes, que celle qui les porte à entreprendre de ruiner, par la force de leur entendement, les opinions communes auxquelles se rattachent le maintien et le repos des sociétés humaines. Tels se flattent de passer pour des esprits subtils et pénétrants, et se glorifient de ne vouloir rien admettre pour eux-mêmes de ce qui fait notre croyance et notre bien-être s'ils ne l'ont soumis d'avance au contrôle de la raison qui finissent, après avoir banni toute foi de leur âme, par la remplir, en somme, de doute, de fièvre, et de misère.

## CHAPITRE X.

### DU POUR ET DU CONTRE.

Il n'y a raison, dit le plus sage parti des philoso-phes, qui n'en suppose une contraire; d'où il suit qu'en toute espèce de sujets, on a loi de parler et pour et contre.

❧

C'est, prétendent ceux-ci, un aiguillon d'honneur et de gloire au soldat, que de se voir somptueusement équipé; car il montre d'autant plus d'ardeur au com-bat, qu'il s'agit pour lui de défendre non seulement sa ie, mais encore ses riches armes, qu'il a intérêt à ~~sanver~~ comme son bien et son héritage.

Il vaut mieux, reprennent ceux-là, inspirer au soldat le mépris de la mort, que d'accroître son attachement pour la vie : on a tout lieu de craindre, en le pourvoyant de riches armes, qu'il n'hésite doublement à se hasarder, et que l'ennemi, au contraire, ne sente augmenter en soi le désir de vaincre, par l'appât de ces précieuses dépouilles.

— La licence qu'on accorde volontiers au soldat de provoquer l'ennemi par toutes sortes de paroles outrageantes, a cela d'avantageux sans doute, qu'elle ne laisse plus à l'agresseur de chances de salut que dans la victoire; mais, quelle énergie pour la lui ravir ne puisera pas à son tour l'offensé dans ces poignantes injures, qui, de défenseur indolent de la querelle d'autrui, le transforment en intrépide vengeur de son offense personnelle?

Faut-il que celui qui commande une armée, se travestisse, au moment de l'action, pour empêcher que la vue de ses insignes n'indique à l'ennemi sur quel point doivent se diriger ses principaux efforts? L'expérience a démontré que ce stratagème, si quelquefois il a sauvé la tête du général, peut aussi contribuer à lui faire perdre la bataille; car, il est à craindre que les soldats ne se préoccupent de cette idée, que c'est la mort ou

la fuite de leur chef qui les prive tout à coup de sa présence, d'où ils tirent d'ordinaire la plus grande partie
de leur force et de leur courage.

Doit-on courir sus à l'ennemi ou l'attendre de pied
ferme? — Tenir son armée fixe et immobile, devant
un ennemi qui s'avance contre elle au pas de course,
c'est lui ôter l'élan, le cri, la passion, la violence, en
un mot toute cette furie qui s'empare des combat-
tants, quand ils se précipitent à la rencontre les uns des
autres, et qu'ils viennent à s'entrechoquer de toute
leur roideur. Mais, d'une autre part, cette ferme et
puissante assiette, où l'on demeure planté sans se mou-
voir, est peut-être le moyen dont il soit permis de tirer
le plus d'avantage contre l'impétuosité d'un bouillant
et robuste adversaire; car, l'ébranlement qu'imprime
aux troupes une course nécessairement inégale, et
dans laquelle, d'ailleurs, elles consument une grande
partie de leur haleine, est déjà un commencement de
désordre et d'épuisement, qui permet à un capitaine
habile de calculer toutes ses chances et de profiter de
toutes ses forces, tant pour refouler son agresseur que
pour s'emparer de la victoire. — Qui tranchera le
doute? — Voici, au surplus, la règle qu'ont établie
quelques tacticiens dans leur armée : « Si l'ennemi
vous court sus, attendez-le de pied ferme ; s'il vous
attend de pied ferme, courez-lui sus. »

Vaut-il mieux attendre l'ennemi chez soi, ou l'aller assaillir sur ses terres? Tant et de si diverses chances de succès et de revers militent alternativement pour et contre chacune de ces deux opinions, qu'on est contraint d'abandonner au génie particulier de l'homme de guerre placé entre l'un et l'autre parti, un choix qu'il est impossible d'appuyer d'aucune règle certaine, d'aucun principe incontestable.

C'est lâcheté, disent les uns, que de ne pouvoir nous résoudre à quitter ce monde, lorsqu'il ne nous reste plus d'autre moyen de nous soustraire aux maux qui pèsent sur notre vie. Aurons-nous la faiblesse de céder à ces maux, ou la folie de les nourrir, s'il est vrai que la mort soit un remède certain, que nous ayons le droit d'employer contre les misères de notre condition? Et qui donc nous en interdirait l'usage? En effet, qu'est-ce que la vie, sans la liberté de mourir, sinon une véritable servitude? Que l'homme, d'ailleurs, attende sa fin ou qu'il la prévienne, qu'il la souffre ou qu'il se la donne, toujours est-il qu'il lui faut tôt ou tard renoncer à cette vie; mais, tant qu'il est libre de vivre, pourquoi ne le serait-il pas également de mourir? Je ne suis ni un larron ni un incendiaire pour emporter mon bien ou pour brûler mon bois, comment serais-je un meurtrier pour vouloir m'ôter l'existence? Enfin, Dieu lui-même ne nous donne-t-il

pas suffisamment congé de la vie, quand il permet que
nous souffrions de telles afflictions sur la terre, que
l'ennui de vivre doive surpasser de beaucoup en nous
la crainte de mourir? —

C'est lâcheté, repartent les autres, que de vouloir
se donner la mort, pour cesser d'être en butte aux
coups de la fortune. La vertu, bien loin de là, cherche les maux et la douleur, comme son aliment ; les
menaces, les gênes et les bourreaux, l'animent et la
vivifient ; il y a, suivant elle, moins de résolution à
rompre qu'à user notre chaîne. Mais, en outre, quoi
de plus précieux pour l'homme que la vie ? N'est-ce
pas contre nature qu'il la dédaigne, puisqu'elle est
son bien, son être, enfin son tout, et qu'il ne fait autre
chose, en la méprisant, que de se mépriser soi-même?
Au surplus, les lois ont contre nous, qui ne sommes
pas moins nés pour notre pays que pour nous-mêmes,
action d'homicide, et ne laissent pas de nous redeman-
der, pour leur propre intérêt, compte de notre vie. Nous
ne pouvons donc, comme déserteurs de notre charge,
manquer d'être punis dans ce monde par la main des
hommes, en attendant que nous le soyons dans l'autre
par la main de Dieu, si nous sommes ou assez lâches
ou assez téméraires pour abandonner ce poste de la
vie, sans l'ordre exprès de celui qui nous y avait
placés, non pour nous seulement, mais pour sa gloire
et pour le service d'autrui : c'est à Dieu de nous
donner congé de la vie, quand il lui plaira, et non pas
à nous de le prendre.

Nos succès ou nos revers, en toute espèce de desseins et d'entreprises que ce puisse être, dépendent
moins de l'étendue de notre génie, que de la volonté
de cette puissance suprême, qui, soit que nous la nom-
mions Dieu, le Destin ou la Fortune, tient sous sa
domination toutes les choses mortelles. Combien de
fois, en effet, selon qu'il convient à ses vues éternelles,
et qu'il entre dans ses décrets immuables, ne semble-
t-elle pas subordonner aux influences aveugles et mobi-
les du hasard l'homme tout entier, c'est-à-dire l'homme
avec toutes les lumières et tous les conseils de la raison,
tous les projets qu'elle forme, tous les événements
qu'elle prépare, tous les secours, en un mot, qu'on
se propose d'en tirer, et tous les avantages qu'on se
croit en droit d'en attendre? Grand et perpétuel sujet
de désenchantement pour la vanité de l'homme, que
cette imprévoyance des choses à venir, qui tient son
esprit comme enfermé dans un cercle de certitude
et de doute, de sagesse et d'inexpérience, de gloire,
enfin, et de misère, et ne lui présente la vie, à quelque
point de vue qu'il se place pour l'envisager et pour la
comprendre, que sous la figure ardue d'un problème
insoluble, dont les derniers termes aboutissent constamment à deux résultats inconciliables : *le pour et le
contre !*

————————————

# CHAPITRE XI.

## DE LA SCIENCE ET DE L'IGNORANCE.

La science n'est vraiment une chose nécessaire et profitable, qu'autant qu'on se propose de la joindre, comme une aide, à la raison, et qu'on est d'ailleurs certain de donner à la science elle-même l'entendement pour premier auxiliaire.

— Il ne suffit pas d'acquérir de la science, il faut savoir encore se la rendre propre.

— Le savoir est une arme dangereuse entre les mains de celui qui ne sait pas en faire usage.

— Tout le monde n'est pas propre à faire son profit de l'étude des sciences et de la philosophie, qui, si elles ne mettent les âmes à bien, peuvent les mettre à mal.

— C'est perdre le temps, que de l'employer à l'étude des lettres, si elles ne nous apprennent à bien penser et à bien faire.

— Toute autre science est dommageable à celui qui n'a la science de la bonté.

— Les hommes font en général plus de cas de la science que de la vertu, d'où il résulte que le soin et la dépense de nos pères visent moins à améliorer notre âme qu'à enrichir notre mémoire, et que, pourvu qu'on ne néglige rien de ce qui peut nous rendre savants, il ne leur importe guère qu'on s'occupe ou non de ce qui peut nous rendre sages : lourdes têtes! stupide instruction!

— Quand bien même ce serait une vérité admise qu'on pût être savant du savoir d'autrui, du moins est-il qu'on ne peut être sage que de sa propre sagesse.

— Suivre les opinions d'un autre, et les savoir par cœur, ce n'est rien suivre, et ce n'est pas savoir : on ne sait comme on ne suit, à vrai dire, que ce qui vient directement de soi. Les livres, qui ne nous entretiennent que des pensées ou des actions des autres, ne doivent proprement servir qu'à nous orner l'esprit et à nous enrichir la mémoire; mais, pour ce qu'il nous faut faire ou penser nous-mêmes, gardons-nous bien de l'emprunter à autrui, car, tout ce que nous prenons hors de nous ne saurait être nôtre. La raison et la vérité sont com-

munes à tous les hommes; la nature a pris soin
de les placer en chacun de nous, où nous pouvons
être sûrs de les rencontrer, toutes les fois qu'il
nous arrivera de recourir à . notre jugement et à
notre conscience. Et, quant à l'instruction purement
morale que nous prétendrions tirer des livres, celle
que nous offrent tous les jours, comme dans un livre
vivant, les vertus et les vices des hommes, suffit de
reste au développement de notre intelligence.

— La science cherche souvent, au défaut de bonnes
raisons, à nous payer de belles paroles.

— C'est un fait digne de remarque, et dont il ne
semble pourtant pas aisé de s'expliquer la cause, que
la plupart de ceux qui, faisant profession de lettres
et de *suffisance*, se croient par leurs lumières bien au-
dessus du commun des hommes, sont presque toujours, au contraire, gens de plus de mémoire que de
jugement, et de plus de science que de véritable
mérite.

— Les sciences gagneraient beaucoup à s'éloigner
de l'art pour se rapprocher de la nature : à force de
vouloir subtiliser sur les pensées comme sur le langage, le pédantisme de l'école et l'afféterie des écrivains, ont fini par rendre les productions de l'esprit
choses inintelligibles pour le vulgaire.

— La base de tout bon système d'éducation, c'est, non pas la science, mais la vertu et la sagesse. Or, il ne suffit pas qu'on nous apprenne de quels termes elles dérivent, et en combien de branches principales et accessoires elles se divisent et se subdivisent, ainsi qu'on nous découvre et qu'on nous déroule la généalogie de certaines familles : il faut qu'on nous les rende non seulement appréciables par la théorie, mais attrayantes par l'application ; car, le plus sûr moyen de nous les faire bien connaître, c'est de nous faire prendre l'habitude de les pratiquer. Une bonne institution est celle qui, s'attachant aux prescriptions de la vraie philosophie, se propose de réformer notre jugement, et de rapprocher nos mœurs des goûts simples et réglés de la nature.

Il y a peu de sciences que les philosophes de l'antiquité n'aient tenues pour plus ou moins dignes de mépris ; mais, il y en a peu aussi dont ils pensassent qu'il fût hors de propos de s'occuper, quoiqu'ils ne vissent dans cette occupation d'autre utilité que celle de pouvoir exercer leur esprit.

— Il en est de la nourriture de l'esprit comme de celle du corps, que nous ne laissons pas souvent de trouver délicate et savoureuse, bien qu'elle ne soit ni saine ni substantielle.

— Il n'y a de sciences vraiment recommandables

que celles dont les principes et les effets se rattachent à l'intérêt vital des sociétés humaines.

— Le goût des sciences prises en général énerve le courage des nations, et détruit l'esprit militaire.

La science, eu égard aux besoins de l'homme, paraît devoir bien plutôt prendre place entre les choses propres à servir ses caprices, que tenir rang parmi les objets destinés à satisfaire les pures exigences de sa vie.

— Nous trouverions que, parmi les sciences en usage, il y en a bien peu qui ne soient hors de notre usage, si, bornant nos désirs aux strictes exigences de la nature, nous ne voulions nous adonner qu'à l'étude des choses utiles.

— Nous sommes tous, et chacun de nous, plus riches que nous ne le pensons ; mais, au lieu de nous apprendre à nous arrêter au point rigoureux de nos besoins, et à nous contenter, autant qu'elles peuvent nous suffire, de nos ressources naturelles, on nous habitue à courir après des biens d'emprunt, et l'on nous en fait embrasser plus que nous ne saurions en étreindre. Volupté, fortune et puissance, notre avidité devient extrême en toutes choses ; il n'est pas jusqu'au savoir, dont nous n'ayons un appétit insatiable : le savoir !... fait-il mourir un pihlosophe avec plus de constance et de résignation que n'en montrent, à leurs derniers moments, un pauvre villageois, et, souvent même, des peuples entiers, affermis qu'ils sont contre les lois de la nécessité par les simples arguments de la nature? En effet, à quoi bon la science acquise, si elle nous exerce plus qu'elle ne nous instruit; si elle nous est moins utile qu'elle ne peut nous être dommageable; si elle nous fait plutôt calculer la grandeur de nos maux, qu'elle ne nous fournit les moyens de nous en garantir? Et, que c'est richement accomplir le vœu de pauvreté, ainsi que se plaisent à le faire certaines âmes dévotieuses, que de comprendre dans cette abnégation des richesses, l'indigence même de l'esprit et du savoir!

— Les misères de toutes sortes qui assiègent l'humanité, prennent à nos yeux une couleur d'autant plus sombre et un aspect d'autant plus redoutable, que nous cherchons, dans les lumières de la science et dans les principes de la sagesse, plus de moyens de nous y aguerrir. Mais, que sert, pour l'heure du danger, la précision des faits, qu'à nous jeter dans l'inconvénient de trop bien les connaître, et l'enseignement de la morale, qu'à énerver notre courage, à force de vouloir le dresser et le tendre? Portons nos regards sur les habitants de la campagne : qu'ont-ils besoin, pour nous donner des leçons de stoïcisme, plus pures à la fois et plus vigoureuses que toutes

celles que nous allons prendre à l'école de la philosophie, qu'ont-ils besoin de consulter ou Zénon et Caton? Et, que s'enquerraient-ils d'exemples ou de préceptes, quand ils trouvent, dans le labeur de chaque
jour, de quoi méconnaître l'indigence, et que la manière simple et naturelle dont ils désignent les maladies, suffit déjà pour leur en adoucir l'âpreté? Il
faut que ces maladies soient bien graves, pour inter-
rompre leurs travaux accoutumés; dès qu'ils s'ali-
tent, c'est pour mourir.

— C'est à tort que nous croyons que la science
puisse nous diriger plus sûrement et plus heureusement que la nature. Elle ne nous apprend, sur la
manière dont il nous faut vivre et mourir, ménager
nos biens, élever nos enfants, et entretenir la justice,
rien de bon et d'utile, que ne pratiquent, mieux que
pas un de ses disciples, les esprits même les plus in-
cultes, et jusqu'aux animaux les plus sauvages. Car,
c'est ainsi qu'en use la science à l'égard de la nature : elle s'empare de ses plus nobles inspirations,
et se propose ensuite de les lui transmettre sous
forme de préceptes, et à titre d'enseignements qu'on
ne reçoit qu'à sa propre école. Mais, que de soucis et
de tourments ne préparons-nous pas à notre avenir,
dès que, pour la suivre, nous venons à quitter les
voies où chemine, exempt de crainte et d'agitation, le
commun des hommes! Point de maux, en effet, qu'elle
ne nous oblige à prévoir, nous qui aurions tant be-

soin qu'elle ne nous donnât que des recettes propres à décharger notre âme de toute inquiétude. Fruit amer et pernicieux de ses leçons! nous troublons notre vie par le soin que nous prenons de notre mort, et notre mort par celui que nous donnons à notre vie. Et, pourtant, s'il est vrai que ce soit moins contre la mort que contre ses apprêts mêmes, que la philosophie nous prépare, imitons la stupidité du vulgaire, que son insouciance met à l'abri de nos perpétuelles anxiétés. Bon Dieu! si, pour vivre en paix, il nous suffit d'être ignorants, tenons désormais à ce prix école de bêtise : c'est l'extrême avantage que la science nous promette, et l'ignorance nous permet d'en jouir à peu de frais et sans beaucoup de peine.

— Ce qui prouve combien nous devons peu compter sur les secours de la philosophie dans les adversités humaines, c'est l'étrange liberté qu'elle nous donne, alors que ses préceptes nous deviennent insuffisants pour soutenir le poids de la mauvaise fortune, de détourner notre vue et notre pensée des maux qui nous assiègent; comme si nous avions en notre pouvoir la science de l'oubli, et que, pour nous distraire des dangers que nous découvrent les lumières du savoir, il ne s'agit que de nous replonger, sous notre bon plaisir, dans les ténèbres de l'ignorance!

Qui compterait les hommes par leurs bonnes et par leurs mauvaises actions, il s'en trouverait un plus grand nombre de parfaits entre les ignorants que parmi les savants : on le peut dire même sans faire distinction d'aucune espèce de vertu.

— L'ignorance conduit l'homme au salut par l'humilité et par la foi, tandis que la science le pousse à la perdition par l'orgueil et par l'incrédulité.

— L'ignorance, par le défaut même de lumières, qui l'oblige de s'en remettre à la raison d'autrui du soin de la guider et de la maintenir dans les voies droites et battues, offre à la société humaine des garanties d'ordre et de sécurité, qu'on ne saurait attendre du savoir, dont l'esprit d'indépendance et d'innovation, sans cesse en lutte avec les lois, les mœurs et les croyances les plus sages et les mieux affermies, devient au contraire une des causes les plus actives des troubles et des désordres de ce monde.

La science et la vérité peuvent venir se loger en nous sans l'aide du jugement; ainsi du jugement, qui peut s'y établir et s'y développer sans le secours de la science et de la vérité : l'aveu même de notre ignorance est, sans contredit, un des plus beaux et des plus sûrs témoignages que nous puissions donner de notre jugement.

— Un personnage savant ne saurait l'être en toute espèce de chose. Mais, l'homme *suffisant,* qu'on peut qualifier ainsi pour le distinguer de celui qu'on nomme le *savant,* en ce qu'il ne sait que tout juste ce qu'il doit savoir ; un pareil homme est suffisant non seulement eu égard aux seules matières qu'il connaît, mais par rapport même à toutes celles qu'il ignore.

—Il y a une sorte d'ignorance qui ne le cède ni en honneur ni en courage à la science ; c'est celle où l'on n'arrive qu'après avoir passé, à force d'études et de veilles, par tous les degrés de la science même, dont elle est, non pas assurément le but, mais presque toujours, du moins, la dernière conséquence. Aussi, quiconque est parvenu à ce résultat, loin qu'il se prête aux abus du monde, en acceptant ce qu'il ne peut réfuter, aime mieux avouer son ignorance à l'égard de tout ce qu'il est hors d'état de comprendre, que de se donner pour compétent sur des matières qui excèdent la portée de son intelligence.

— Acquérir du savoir, c'est apprendre à connaître son ignorance ; et la plus grande partie des choses qu'on sait, est la moindre de celles qu'on ignore.

— Nous ne sommes, est-ce à croire, savants que
de la science présente; car, pour ce qui regarde les
choses passées, nous en sommes, à vrai dire, tout
aussi peu instruits que des choses futures.

— La nature est un livre mystérieux, où, en dépit
des découvertes que s'enorgueillit d'y faire chaque
jour l'esprit humain, le sage n'est encore parvenu
qu'à déchiffrer ces mots : *conjecture et ignorance.*

— Autant l'homme instruit s'éloigne de l'ignorant
par la science, autant il s'en rapproche par le doute.

— Nous ne voyons, nous ne concevons généralement rien, au-delà du cercle étroit des connaissances
que nous avons personnellement acquises.

— Ce que les hommes les plus versés dans l'histoire générale et particulière du monde, savent ou
croient savoir, non pas seulement des faits qui re-
montent aux siècles les plus reculés, mais de ceux-là
qui se succèdent dans le pays même qu'ils habitent,
est moins que rien eu égard à ce qu'ils en ignorent;
et la plupart des découvertes ou des inventions qu'ils
acceptent comme choses nouvelles dans les annales
de l'esprit humain, ne passent pour telles à leurs
yeux, que faute d'avoir pu franchir l'intervalle des
temps et des lieux, pour venir, à titre de choses anciennes, prendre place dans le domaine étroit de leurs

connaissances; car, il serait difficile qu'il apparût aujourd'hui, chez aucun peuple, rien de surprenant, dont la nature ou la science n'eût enrichi déjà, par les siècles passés, telle autre nation, rien de merveilleux, qui ne se trouvât fleurir, depuis quelque mille ans peut-être, à tel autre bout de la terre.

---

# CHAPITRE XII.

### DE LA PHILOSOPHIE.

La vraie philosophie, chez qui la santé de l'âme contribue à entretenir celle du corps, se fait reconnaitre à son extérieur noble et gracieux, à son allure vive et assurée, à sa physionomie heureuse et bienveillante. Elle habite une plaine verte et fertile, où conduisent, à travers les gazons, les fleurs et les ombrages d'un printemps éternel, des routes d'une pente douce et polie comme l'est celle des voûtes célestes. Or, c'est là, dans ces lieux calmes et riants, que règne la vertu, dont la sagesse ne peut se passer un moment de suivre les traces, la vertu qui se plait à marcher elle-même sur les pas de la nature, en compagnie de la fortune et de la volupté; car, la vertu suprême n'est pas, comme le disent les suppôts de

l'école, plantée au sommet d'un mont escarpé, rabo-
teux et inaccessible, et n'a, d'ailleurs, ni dans la
mine, ni dans la voix, ni dans le geste, rien de cette
image triste, querelleuse, irritable, menaçante, telle,
enfin, que la conçoit leur faiblesse, et qu'elle nous la
représente, assise à l'écart, sur la pointe d'un ro-
cher, parmi des ronces et des épines : sombre et pâle
fantôme, propre à épouvanter les gens!

— C'est moins par un grand savoir que par de
bonnes mœurs, qu'on a lieu de mériter le nom de
disciple gradué et breveté de la vraie philosophie.

Les enseignements de la philosophie doivent être
proportionnés aux progrès de l'âge et de la raison.

— La philosophie est de tous les âges; mais, autant il est toujours à propos d'en observer la pratique, autant il semble hors de raison d'en approfondir
les subtilités.

— Ou la philosophie n'est qu'une science vaine,
captieuse et mensongère, ou ses enseignements doivent, non pas se fonder sur des apparences incertaines, sur des principes arbitraires, en un mot sur
des présuppositions concédées et partant contestables,
mais ne s'étayer, au contraire, que des épreuves de

l'analyse, que des leçons de l'expérience, et, pour tout dire, que des lumières de la raison.

— Il y a moins à se défier d'une philosophie qui doute de tout, que d'une philosophie qui ne doute de rien.

— Ouvrez les livres de l'antiquité ; considérez quel étrange conflit de principes et de doctrines, touchant la nature des dieux et l'essence des causes premières, quel incroyable pêle-mêle d'imaginations, toutes jadis plus ou moins acceptées, toutes aujourd'hui plus ou moins oubliées ; puis, dites-nous ce qu'il vous semble de tout ce tintamarre de cervelles philosophiques, et quelle sainte et robuste croyance vous réservez encore à quelque ingénieux système que ce soit de notre moderne philosophie ?

— L'arène philosophique est jonchée des dépouilles de tant de partis, aujourd'hui vainqueurs et demain vaincus, de tous siècles comme de tous pays, qu'il n'y a, ce semble, sage ou fou, personne qui ne fût en droit d'y venir, au besoin, réclamer sa bannière.

# CHAPITRE XIII.

## DE LA MÉDECINE.

La médecine est une science à la fois si vaste et si conjecturale, une science dont les inductions reposent sur des pronostics si délicats et sur des circonstances si variables, qu'il y a moins lieu de s'étonner des nombreuses contradictions et des erreurs plus fréquentes encore de ses adeptes, que de cette espèce de monomanie qui fait que tant de vrais et faciles croyants détruisent souvent en eux, par l'abus des secours de l'art, jusqu'aux dernières ressources de la nature.

— Voyez les anciens débats de la médecine, et suivez toutes les métamorphoses qu'elle avait déjà subies, avant même qu'elle fût arrivée jusqu'à nous : combien n'est-il pas déplorable qu'une science qui s'occupe des intérêts les plus importants du monde, c'est-à-dire des moyens de pourvoir à la conservation de l'espèce humaine, soit précisément, de toutes les connaissances que nous nous enorgueillissions de posséder, la plus sujette à l'erreur, au trouble et au changement! En est-il cependant aucune où nous

jouions ainsi tout notre être, aucune où il y ait autant de risque à se mécompter, aucune où les moindres bévues puissent entraîner des suites plus funestes
et plus irrémédiables? Est-ce donc sagesse, penserez-vous enfin, que de nous abandonner de la sorte
à la merci de tant de souffles contraires?

— Les moindres méprises de la médecine sont quelquefois plus nuisibles aux malades, que ses plus justes
appréciations ne sauraient leur être profitables.

— La médecine, telle que l'ont faite les hommes,
est un art moins salutaire que dangereux, en ce qu'il
se fonde, non pas exclusivement sur les leçons de la
nature, mais le plus ordinairement, au contraire, sur
les subtilités de l'esprit humain. Point de doute que,
parmi les productions de ce monde, il ne s'en trouve
d'utiles au maintien de notre santé, de même qu'il
y en a d'indispensables à la conservation de notre
existence. Le mal n'est donc pas dans l'usage modéré
que nous pouvons faire de ces remèdes; mais, mieux
vaudrait encore nous en abstenir entièrement, que de
risquer d'en abuser, en nous abandonnant sans réserve aux prescriptions systématiques de la médecine;
car, ce que l'on comprend vulgairement sous ce nom,
est, de toutes les sciences, celle qui offre le champ le
plus vaste aux conjectures et aux inventions des hommes, celle où leur imagination se donne le plus de
carrière, et agit avec le moins de réserve et de dis-

crétion. Qu'est-ce d'ailleurs que la nécessité d'une
pareille science, s'il est constant que les premiers
siècles, c'est-à-dire les plus robustes et les plus heureux, ont pu s'en passer impunément; qu'une infinité
de nations, chez lesquelles la santé est meilleure et la
vie plus longue que chez nous, sont encore à la connaître, et que certains peuples même se sont empressés de la bannir de leur territoire, après en
avoir reconnu par expérience l'inefficacité? Et, pour
en venir à ceux qui la pratiquent, où devons-nous
chercher le témoignage de l'infaillibilité de leurs lumières, quand nous ne saurions le rencontrer ni
dans le bien-être, ni dans la prolongation de leur
propre existence? Au surplus, proscrire les médecins, comme il arriva jadis aux Romains de le faire
par l'entremise de Caton le censeur, ce n'est point là
renoncer à la médecine proprement dite; en effet,
user avec mesure de tout ce qui convient à notre tempérament, et éviter avec scrupule tout ce qui pourrait en contrarier la nature, vivre en un mot sobre-
ment et sainement, voilà en quoi consistent, pour
le sage, les suprêmes éléments de la véritable médecine.

— Il faut que le sage soit bien malade du corps et
de l'esprit, pour s'en remettre à la médecine du soin
de gouverner sa vie et sa santé.

— La médecine embrasse tant de principes divers et

tant de systèmes opposés, qu'il n'y a sorte de régime, dont nous ayons pu d'ailleurs nous faire une habitude, qu'elle ne semble devoir concilier même avec nos souffrances, et ranger parmi les moyens propres à nous guérir.

•

Il est difficile, disait Tibère, qu'un homme de sens et de raison, pour peu qu'il ait pris soin d'étudier son tempérament, ne soit, à vingt ans, plus en état que pas un médecin, de discerner ce qui lui est nuisible ou salutaire.

•

On ne voit guère de gens moins disposés à obser-ver, pour leur propre compte, les règles de vie qu'ils prescrivent aux autres, que les médecins, tant ils ont peu de foi aux promesses de leur doctrine; d'où il suit qu'on serait en droit de leur reprocher l'abus qu'ils font journellement de notre simplicité, s'il n'arrivait que les plus incrédules d'entre nous en fait de méde-cine, tout le temps qu'il se portent bien, deviennent, du moment qu'ils souffrent, soit crainte de la mort, soit impatience de leur mal, souples et maniables au point de s'abandonner à la discrétion, non seulement des hommes de l'art, mais de quiconque s'offre à les guérir. Et, dans ce cas, au défaut même d'une foule de charlatans toujours prêts à exploiter notre fai-blesse, le monde ne saurait manquer d'ingénieux don-

neurs de recettes, ayant pour tous les maux de leurs
amis ou de leurs voisins des spécifiques merveilleux,
si l'on veut bien toutefois les en croire sur parole;
car, cette manie de faire la médecine sans étude et sans
diplome est la plaie de toutes les nations.

Nous ferions bien moins de cas de la médecine, si
ceux qui la professent ne nous parlaient un langage
que nous ne pouvons comprendre, et ne nous prescri-
vaient l'usage d'une foule de remèdes dont nous igno-
rons jusqu'à l'origine : c'est l'étrangeté de toute cette
science de grimoire qui en fait à nos yeux le principal
mérite.

— C'est une chose assez malaisée à croire que,
dans les maladies compliquées, c'est-à-dire lorsque
plusieurs de nos organes sont affectés en même temps,
toutes les drogues dont se composent les mixtions qui
nous sont prescrites en pareille occurrence, puissent
arriver droit à leur destination respective, sans of-
fenser, dans ce trajet, quelqu'un des organes inter-
médiaires, ou sans avoir perdu, en grande partie du
moins, par l'effet du mélange où elles se sont d'abord
trouvées confondues, la force et la vertu particulière
à chacune d'elles.

—Les dégoûts et les désordres causés par la plupart
des préparations officinales, nous jettent souvent dans

un état pire que celui-là même où nous avait d'abord jeté la maladie.

—L'ordre qui pourvoit à la conservation de tout ce qui a vie ici-bas, fait servir tour à tour à ses desseins, selon qu'il lui semble nécessaire, tantôt le mal, tantôt le bien. Prétendre donc, sans une obligation absolue, nous débarrasser au plus vite, par l'emploi de moyens extrêmes, des maladies qu'il nous impose à de certains moments, comme un contre-poids indispensable pour maintenir l'équilibre de notre santé, et ne pas essayer, avant tout, d'opposer à nos souffrances quelque régime doux et simple, propre à les allanguir en quelque sorte, et à les atténuer peu à peu sans trouble et sans secousse, c'est vouloir trop souvent ajouter à la rigueur de ces maux toute la violence de ces remèdes; c'est nous exposer à voir cet ordre, ministre impérieux de la nature, s'irritant contre les obstacles, se transformer tout à coup en désordre, et, sans plus de respect pour la science que de pitié pour le malade, ravir brusquement le malade, sinon le ravage des spécifiques et l'empirement de la maladie, aux vaillants offices de la science. Il y a, disons-nous, en ce qui touche notre condition humaine, bon nombre de maux incidemment utiles aux vues de la nature, et facilement appréciables pour tous tant que nous sommes, contre l'opportunité desquels c'est sagesse que de ne pas nous servir, à beau hasard, du secours pour le moins incertain de la médecine, et de ne pas nous entourer, à tout événement, de la presse pour le moins alarmante des médecins.

La médecine n'a jamais tort : que le malade guérisse, c'est la science du médecin qui l'a tiré d'affaire; qu'il empire, son état serait bien plus fâcheux encore sans les secours de l'Esculape; mais, qu'il vienne à mourir, sa maladie était incurable, et la nature a prononcé son arrêt. Mortels privilégiés, dont, selon Nicoclès, la terre cache les fautes et le soleil éclaire les succès ! Donnons-leur donc toute croyance, puisque, vaincus aussi-bien que victorieux, ils ne sauraient faillir; nous leur devons tout au moins la foi du malade d'Ésope, quand le pauvre homme s'écriait à ses derniers moments : grâces soient rendues à la médecine ! à force de me trouver mieux, je me meurs !

## CHAPITRE XIV.

### DE LA JURISPRUDENCE.

Ferdinand, roi de Castille, alors qu'il fit passer des colonies dans les Indes occidentales, eut la sage précaution de défendre qu'on y emmenât l'ombre d'un

érudit en fait de jurisprudence, de crainte que la
science du droit, source intarissable de trouble et de
division, ne vînt à inonder de procès ce nouveau
monde. Il jugeait sans doute avec Platon que *« C'est
mal pourvoir un pays, que de l'approvisionner de ju-
risconsultes et de médecins. »*

—A force de multiplier les formules et les commentaires, les juristes ne parviennent que trop souvent à faire, de l'esprit et des règles du droit, une
science subtile, abstruse et insaisissable.

---

# CHAPITRE XV.

### DE LA LOGIQUE.

La logique de l'école est une science qui s'attache
aux mots bien plus qu'aux raisons, et qui, loin d'a-
mender certaines intelligences, ne sert qu'à surchar-
ger leur mémoire au préjudice de leur entendement.
Prenons un maître ès arts, et, lui faisant quitter,
avec sa robe et son latin, toutes les subtilités de
l'argumentation, réduisons cet orgueilleux champion
de la dialectique, ainsi dépossédé des règles d'Aristote, aux formes du langage vulgaire : que trouve-

rons-nous, souvent, au-delà de ces surprises de ba-
telage, sous le cliquetis desquelles il captivait nos
sens? un homme qui, pour avoir le renom de savant,
ne nous en paraîtra pas moins inepte. Cette doctrine
est, de sa nature, une chose à peu près indifférente,
en ce qu'étant, pour les âmes fortes et puissantes, un
accessoire quelquefois utile, mais non pas indispensable, elle devient un pénible et dangereux fardeau
pour les âmes sans ressort et sans énergie; ou, plutôt, à la considérer comme une chose dont l'usage
importe plus ou moins à tous tant que nous sommes,
encore est-il qu'elle ne se laisse point posséder à vil
prix : en telle main, c'est un sceptre; en telle autre,
une marotte.

# CHAPITRE XVI.

## DE LA RHÉTORIQUE.

La rhétorique est l'art de bien dire, ou, plus ex-
plicitement, l'art de persuader l'esprit et de toucher
le cœur par la puissance du langage. Mais, à voir l'a-
bus que les hommes ne sont que trop sujets à faire
de la parole, et les troubles qui en résultent sans
cesse dans le monde, et ne vont à rien moins, sou-

vent, qu'à changer la face des empires; mais, à considérer cette éloquence de commande prise en dehors
des inspirations droites et simples de la nature, cette
faconde insidieuse à la fois et emphatique, partici-
pant tout ensemble du paradoxe et de l'hyperbole,
sachant déguiser le vide et la faiblesse de ses arguties,
et imprimer du relief et de la grandeur à de petites
choses, par la pompe des mots et par le faste des
images, se proposant bien plutôt d'émouvoir l'imagination, que d'éclairer le jugement et de convaincre
la raison, telle, en un mot, que l'enseignent et la
pratiquent les sophistes, on n'a guère lieu de s'é-
tonner que Socrate et Platon se soient plu à définir la
rhétorique l'art de flatter et de tromper; car, ceux-là
mêmes qui nient cette définition, en tant que générale,
ne laissent pourtant pas de la vérifier partout dans
leurs préceptes. En effet, prodigues de traits et de
contours, de formes et de couleurs, de figures et de
mouvements, attentifs à mesurer et à cadencer tous
les tons, à calculer et à compasser toutes les attitudes,
ayant enfin recours aux moindres prestiges du geste
et de la voix, et ne négligeant aucune espèce d'artifices, non plus ceux qui frappent les yeux que ceux
qui étonnent les oreilles, voilà comment, par une
foule de précautions et de subtilités oratoires, de règles et de formules captieuses à l'usage des ambitions
humaines, ils semblent avoir pris à tâche de déposs-
séder l'homme de cette candeur, de cette naïveté primitive, noble et touchante éloquence de certaines ré-

publiques, où la garantie des droits et des intérêts de
tous se fonde encore sur le respect que chacun porte
aux droits et aux intérêts des autres ; mais, c'est également ainsi qu'ils l'ont gratifié, en retour, de per-
fides et honteuses ressources, à l'aide desquelles,
pourvu qu'il s'y montrât suffisamment habile, il lui
devînt en quelque sorte méritoire de se jouer du bien
et du mal, du juste et de l'injuste, et de transformer,
suivant l'exigence de ses passions, soit la vérité en
mensonge, soit le mensonge en vérité. Art subversif
de tout principe de droiture, et de tout élément de
conservation ; mal endémique, incessant et mortel
des gouvernements populaires, mais fléau redoutable
aux sociétés même les plus robustes et les mieux
constituées, et dont elles ne sauraient prendre trop
de soin de se garantir, sous peine de voir remettre en
question leurs lois, leurs mœurs et leurs croyances,
et succéder à un passé d'ordre, de calme, de bien-
être et de prospérité, un avenir d'intrigue, de révolte,
de confusion et de ruine.

# CHAPITRE XVII.

### DE LA POÉSIE.

La poésie est un art d'instinct plutôt que de raisonnement; et la première comme la plus sûre règle
qu'on ait à suivre, pour apprécier avec justesse les
productions de cet art, c'est le sentiment. Le goût,
la mémoire et l'étude ont souvent produit d'habiles
versificateurs; mais, la nature s'est réservé le privilége absolu de créer les poètes. Il importe donc,
pour être tenu bon juge en fait de poésie, non pas
d'en bien connaitre la mesure et le nombre, le
rhythme et la cadence, et tout ce qui en constitue
plus ou moins la forme et la structure, mais d'en
bien sentir l'invention et le naturel, la grâce et l'imprévu, enfin tout ce qui en est réellement l'essence
et le fond, tout ce qui en fait positivement l'âme et
la vie.

----

# CHAPITRE XVIII.

## DU LANGAGE.

Il faut que tout discours tendant à énoncer la vérité, ait une allure simple et facile.

— On dirait que les hommes n'out inventé de grands mots, qu'afin d'en imposer sur de petites choses.

— C'est, non sur les mots, mais sur les choses, que doit se fonder la véritable éloquence.

— En fait d'art oratoire, aussi-bien qu'en fait de toute espèce d'art que ce soit, promettre n'est rien, exécuter est tout.

— La force et la fécondité des conceptions l'emporteront toujours sur l'élégance des tours et sur l'abondance des paroles.

— On imite aisément le langage; ou ne saurait emprunter le jugement et l'invention.

— Ce qu'on devrait enseigner aux hommes, c'est moins à savoir parler qu'à savoir se taire.

— Il y a quelquefois plus d'éloquence et plus de persuasion dans un seul mot, ou dans le silence même de tel homme de sens et de jugement, que dans une harangue revêtue de tous les prestiges qu'auront pu fournir à tel habile discoureur, toutes les formes et toutes les combinaisons de l'art oratoire.

— Il ne suffit pas de parler juste pour se bien faire comprendre; il faut encore, il faut surtout que le ton et le mouvement de la voix s'accordent avec le sens qu'on prétend donner à ses paroles, sauf à ce qu'on se règle, d'ailleurs, suivant le degré d'intelligence dont peuvent être pourvues les personnes auxquelles on se propose de les faire entendre.

— On ne saurait se trop défier des paroles redites : tel autre son, tel autre sens.

— Il y a peu de choix entre ne savoir que toujours bien ou toujours mal parler.

— Une scrupuleuse exactitude dans le langage, et une recherche minutieuse d'expressions nouvelles et de mots peu connus, dénotent également une ambition de style, une vanité d'élocution puérile et pédantesque.

C'est aux pensées à provoquer les mots, et non aux mots à faire naître les pensées.

— C'est à tort que nous nous excusons de ne pouvoir traduire nos pensées : ce que l'esprit voit nettement, les mots se présentent d'eux-mêmes pour l'exprimer, et toujours les choses entraînent les paroles.

Il en est des mots comme des plantes; il suffit à celles-ci d'un nouveau sol, et à ceux-là d'une nouvelle acception, pour acquérir une vigueur nouvelle.

C'est, non pas à saisir au hasard de nouveaux mots, mais à rechercher avec prudence des tours vigoureux et des mouvements inaccoutumés, que doivent s'appliquer les écrivains qui veulent, en élevant le langage, imprimer à leurs ouvrages le sceau de l'immortalité. Qui dédaigne la route commune, pour se jeter inconsidérément dans l'affectation et dans l'étrangeté, s'éloigne souvent du but qu'il s'était d'abord proposé, et finit presque toujours par tomber dans le bizarre et dans l'absurde.

Un des principaux mérites de Plutarque, dans mille circonstances, c'est, sans contredit, la brié-veté et la concision. Il y a tel mot de ce profond mo-raliste, qui fournirait à lui seul la matière de tout un ouvrage; et l'on croirait qu'il aime mieux que nous ayons à le louer de son jugement que de son savoir. Mais, il faut convenir qu'autant de pareils hommes gagnent en réputation, à ne dire, sur cer-taines choses, que ce qu'ils jugent à propos de nous en apprendre, autant nous avons à perdre, sous le rapport de notre avancement, à ne pénétrer point, avec eux, jusqu'où il leur resterait sans doute à nous les faire connaître.

---

# CHAPITRE XIX.

## DES PAROLES ET DES ACTIONS.

Nous satisfaisons volontiers aux lois de cérémonie et de bienséance par la retenue de nos paroles; mais, nous ne laissons pas, en revanche, d'attenter aux lois de morale et de conscience par le dérèglement de nos actions.

Les actions instruisent mieux que les paroles.

— Le vrai moyen d'apprendre à connaitre les hommes, c'est d'étudier le cours de leur vie, et de s'en rapporter, non à leurs paroles, mais à leurs actions.

Il ne laisse pas, souvent, d'y avoir une grande distance entre les paroles et les actions, et ce n'est pourtant pas raison, que de rejeter de sages et utiles avis, sous le frivole et spécieux prétexte qu'ils partent d'une bouche impure; car, bien que les exemples d'un homme de vertu donnent nécessairement plus d'autorité à ses préceptes, nous n'en devons pas moins être toujours prêts à faire accueil à la vérité, de quelque source que nous viennent ses enseignements.

## CHAPITRE XX.

### DES LIVRES.

La lecture qui exige une application sérieuse et continue, cesse bientôt, par cela même, d'être pour nous un plaisir sans mélange, une occupation sans

danger : il en est de la passion des livres comme de
toute espèce de volupté, qui ne nous sourit d'abord
et ne nous embrasse, qu'afin de nous entraîner d'autant plus aisément à notre perte.

Il faut être jeune pour écrire : les ouvrages de la
vieillesse risquent de se sentir des glaces de cet âge.

— On ne doit publier ses ouvrages, que lorsqu'ils
sont arrivés au point de perfection relative où l'on se
sentait capable de les faire parvenir. Vendre ses
écrits, et se réserver le droit d'y mettre de nouveau
la main, outre qu'on est, pour l'ordinaire, aussi peu
habile à se bien corriger soi-même qu'à bien corriger
les autres, c'est avouer au public qu'on ne lui avait
livré qu'une besogne incomplète. De pareils auteurs,
il ne faudrait rien acheter qu'après leur mort.

— Il n'appartient qu'aux hommes d'un mérite
exemplaire, d'offrir au public, dans leurs ouvrages,
le récit de leur propre vie.

◉

« J'écrivis ce livre en me jouant, » formule banale,
qui, dans le langage de certains auteurs, signifie :
« Voyez ce qu'avec plus de temps je serais capable de
faire ! » Mais, ces gens ont beau s'imaginer que la
présomption peut leur tenir lieu de mérite; vainement

chercheraient-ils à faire passer dans l'esprit d'un consciencieux Aristarque, l'illusion qu'ils ont peut-être
grand' peine à trouver en eux-mêmes : ce n'est guère
à pareille amorce qu'ils doivent se flatter de prendre
un homme de sens.

Il en est de certaines œuvres de l'esprit comme de
certaines productions de l'art ; imparfaites seulement
sous le rapport de l'exécution, mais accueillies, pour
ce défaut même, sinon par le mépris, du moins par
l'indifférence du siècle qui les voit éclore, elles semblent avoir besoin que l'avenir en ait fait reconnaître
toute l'utilité, pour qu'on leur accorde enfin la juste
réparation, que ne pouvait manquer d'obtenir tôt ou
tard l'importance de leur mérite. C'est quelquefois là
le sort des travaux les plus recommandables, comme
ce peut. être aussi la fortune de certains abrégés ou
de certains pastiches, dont les metteurs en œuvre
n'ont souvent dû leur renommée qu'à la destruction
des ouvrages qui leur en avaient fourni la matière
ou le modèle : c'est, quant aux uns, une bonne quoique tardive justice ; mais, pour les autres, ce n'est
plus, à quelque titre qu'ils l'obtiennent, qu'une réputation usurpée.

— S'approprier les inventions d'autrui, sans faire
connaitre la source d'où elles proviennent, c'est d'a-
bord un rapt et une injustice ; se couvrir tout entier

de cette science d'emprunt, pour se produire sous une valeur purement étrangère, c'est, en outre, une fraude et une lâcheté; se décrier parmi les gens d'entende-ment, que ne saurait abuser un pareil larcin, et jouer la seule estime qui soit digne qu'on ambitionne de l'acquérir, et la jouer ainsi contre l'ignorante appro-bation du vulgaire, c'est enfin une grande honte et une grande sottise. Voilà pourtant le mérite et la gloire des plagiaires : stupide iniquité! misérable ambition!

La manie d'écrire est un des symptômes du malaise qui travaille un siècle corrompu. C'est à qui de tous, dans ces temps de vice et de scandale, se relâchera de ses devoirs, pour concourir, chacun suivant sa nature et ses moyens, à la dissolution universelle. Or, comme ce serait peu du désordre des mœurs, s'il n'entraînait le débordement des idées, il semble qu'il devrait y avoir de certaines règles de justice contre les écrivains ineptes et inutiles, ainsi qu'il y a des lois particulières contre les vagabonds et les fainéants; et, néanmoins, comment ne serait-on pas fondé à se faire en quelque sorte un mérite des travers même de son esprit, lorsqu'on voit tant de gens tenir pu-bliquement à honneur le dérèglement de leur con-science?

Faiblesse de raison, obscurité de pensée, et, par-dessus tout, impuissance de langage, il n'y a rien qui, de la part de l'homme, ne puisse devenir, pour l'homme, matière à interprétation, sujet de débat, ferment de discorde.

— Les gloses ne sont en général que de nouveaux sujets de doute ajoutés à d'anciens éléments d'incertitude, et pour peu qu'elles abondent sur un même point de débat, il est rare qu'elles ne tendent pas à obscurcir de plus en plus la vérité ; car, telle est la maladie naturelle de l'esprit humain, que, toujours en quête de réalités, il lui arrive de se laisser perpétuellement égarer par les plus fausses et les plus grossières apparences.

— Ce serait une plus grande affaire aujourd'hui d'interpréter les interprétations, que d'interpréter les choses elles-mêmes; en effet, nous avons plus de livres sur les livres que sur toute autre espèce de sujet : nous ne faisons que nous entregloser. Tout fourmille de commentaires : d'auteurs, il en est grand' cherté. Le principal et le plus fameux savoir de nos siècles, n'est-ce pas celui qui consiste à savoir entendre les savants? n'est-ce pas là le but commun, la fin dernière de toutes nos études ? Nos opinions s'entent les unes sur les autres ; la première sert de tige à la seconde, la seconde à la troisième : nous nous échelonnons ainsi de degré en degré, et il avient de là que le plus haut monté a souvent plus d'honneur que de mérite, car il ne sur-passe que d'un point les épaules de l'avant-dernier.

FIN DE LA DEUXIÈME PARTIE.

# TROISIÈME PARTIE.

---

## CHAPITRE Ier.

### DE L'HOMME ET DES SOCIÉTÉS HUMAINES.

On pourrait comparer les diverses périodes qui se succèdent, depuis l'origine jusqu'à la chute des empires, aux différents âges dont se compose la vie de l'homme, prise dans toute l'extension de sa durée naturelle. Enfance, jeunesse, maturité, décrépitude, voilà les principales divisions de ce cercle fatal, dans les limites duquel les hommes aussi-bien que les sociétés qu'ils ont établies, viennent incessamment commencer et finir le cours de leur mystérieuse et fragile destinée. Mais, ce sont, en outre, pour les uns comme pour les autres, à de certains intervalles inégaux et imprévus, de pareilles alternatives de trouble et de repos, de faiblesse et de vigueur, de maladie et de santé ; ce sont encore, soit qu'il s'agisse de tempérer la surabondance des humeurs chez l'homme, soit qu'il convienne de retrancher quelque excès de population dans un État, ce sont, à l'égard du premier, les purgations et les saignées, et, quant au second, les guerres et les migra-

tions; ce sont, enfin, aux yeux de qui se plaît à rapprocher, dans toutes leurs phases, le corps humain du
corps politique, le même ordre et la même succession
de causes et d'effets, les mêmes principes et les mêmes
symptômes de force et de prospérité, de langueur et
de dépérissement; ce sont, en un mot, les mêmes
phénomènes se renouvelant et s'accomplissant, selon
l'immuable condition des œuvres de la nature, c'est-
à-dire, entre ces deux lois communes et universelles:
la vie et la mort.

❋

Il y a tant de germes de trouble et de désordre, qui
se développent et se renouvellent perpétuellement au
sein de toute république, que la conservation des États
est une sorte de merveille, dont l'accomplissement a
droit de surpasser la portée de l'intelligence humaine.

❋

Une des causes qui semblent concourir le plus efficacement au maintien des sociétés humaines, c'est,
sans contredit, ce préjugé commun aux peuples les
moins avancés même dans les voies de la civilisation,
que rien ne saurait être préférable au système de gouvernement qu'ont établi leurs pères, et sous les principes duquel eux-mêmes ont pris naissance et se trouvent avoir été élevés. Toute police contraire à la nôtre
nous apparaît, en ce qui peut y choquer nos règles et
nos habitudes, comme une chose monstrueuse et hors

de nature. C'est une opinion qui pousse en nous de si profondes racines, que, soit liberté ou despotisme, pour le peu d'instants même que, la fortune aidant, nous n'ayons pas laissé de nous soustraire à ce que nous appelions l'importunité de l'un ou de l'autre de ces régimes, quelques efforts, d'ailleurs, que nous ayons pu faire, et quelques obstacles que nous ayons dû vaincre, par la hâte que nous éprouvions de nous en affranchir, nous voilà prêts à tout entreprendre et à tout recommencer, en sens inverse, par l'impatience que nous ressentons de nous y replanter.

## CHAPITRE II.

### DU MARIAGE.

Il devrait en être du mariage, comme il en était de certaines religions de l'antiquité, sous le respect desquelles rien de quoi que ce fût qui se passât dans le sanctuaire, ne pouvait être connu que des pontifes, les seuls initiés.

Celui-là s'y entendait, ce semble, qui dit : « Un bon mariage se forme d'un mari sourd et d'une femme aveugle. »

· — Un bon mariage est celui qui se fonde, non pas
sur les douceurs éphémères de l'amour, mais sur les
solides et constants offices de l'amitié. Pour qui le
considère sous ce point de vue, le mariage est la condition la plus belle et la plus désirable, en même
temps que le contrat le plus difficile peut-être et le
plus rare de nos sociétés. Pris, d'ailleurs, sous le
rapport de l'intérêt général, on ne peut s'en passer,
et cependant on ne cesse d'en médire, tant il paraît
incertain d'y apporter de part et d'autre les qualités
qu'il réclame, et de ne pas y rencontrer le plus communément une vie de contrainte et de défiance, de
haine et de trouble, de lutte et de tyrannie. En admettant, toutefois, que nous manquions de la force
et de la vertu nécessaire pour nous y maintenir constamment dans les limites rigoureuses de notre devoir,
au moins ne devons-nous pas laisser de l'aimer et de
toujours le reconnaître : c'est duplicité, c'est trahi-
son que de se marier sans s'épouser.

— Il y a généralement peu de bons mariages, ce
qui tient sans doute au nombre et à la rigueur des
devoirs qu'imposent, surtout aux femmes, non seulement les règles de droit écrit, mais encore les principes de morale et de conscience qui s'y réunissent,
comme pour faire, de ce traité, la plus sainte et la
plus respectable des transactions de la société humaine. Aussi, voyez ce luxe de sanglots redoublés,
de larmes intarissables, de cheveux en désordre, de

longs voiles et de lugubres ajustements de deuil, à l'aide desquels la plupart des femmes qui viennent à perdre leurs maris, s'efforcent de donner le change sur les véritables préoccupations de leur veuvage, et persuadez-vous bien que tous ces pleurs, tous ces gémissements, et tous ces témoignages d'apparat et de cérémonie, dont elles semblent prendre à tâche, non point tant d'adoucir, que de rengréger leur douleur, regardent moins d'ordinaire le passé que l'avenir, et le regret de ce qu'elles ont perdu que l'intérêt de ce qu'elles se proposent d'acquérir.

---

# CHAPITRE III.

## DE LA COUTUME.

La coutume est une souveraine impérieuse, qui exerce une puissance universelle, et fait courber sous sou sceptre de fer tout ce qui commande aussi-bien que tout ce qui obéit dans le monde.

— On prend pour lois de droiture ou de sagesse les opinions généralement reçues, et l'on regarde comme sortant des voies de la saine justice ou de la droite raison, tout ce qui dévie du train de la coutume, autorité parfois si peu juste et si peu raisonnable.

La coutume nous dérobe la vraie physionomie des choses.

— Quiconque remonterait à l'origine de certaines traditions, qu'il ne tient lui-même pour indubitables, que sur la foi chenue et ridée de la coutume, d'où elles empruntent toute leur force et tout leur crédit; quiconque soumettrait l'examen de pareils faits au contrôle de la raison et de la vérité, ne laisserait pas sans doute de sentir son jugement comme tout bouleversé, en se voyant contraint de changer l'ordre de ses idées et la forme de ses croyances; mais, il ne lui en resterait pas moins cet avantage, d'avoir acquis un grand fonds de sagesse, en dépit de la folie des autres et aux dépens de sa propre folie.

◉

Il n'y a rien de si difficile en apparence, à quoi ne puisse nous plier un continuel usage, et que ne finisse par nous rendre non seulement possible et familier, mais souvent même indispensable, la force d'une longue et persévérante habitude. On ne saurait donc trop s'attacher, dans l'éducation des hommes, à combattre et à détruire de bonne heure, soit leurs moindres répugnances pour tout ce qui doit les diriger vers le bien, soit leurs moindres inclinations pour tout ce qui ne tendrait, au contraire, qu'à les jeter sur la pente du mal.

— Platon tança un enfant qui jouait aux noix : « Tu me tances pour chose de peu, lui répondit l'enfant : » « Chose de peu, répliqua Platon, n'est pas l'aceoutumance. »

Il n'y a presque rien de tout ce qui nous apparaît pour la première fois, que nous ne soyons disposés à tenir pour étrange et pour exceptionnel, c'est-à-dire que nous ne regardions comme étant ou hors de l'ordre et de l'usage commun, ou contre les lois de la raison et de la nature. C'est par suite de cette disposition universelle, qu'on nous voit appeler barbares des peuples qui auraient droit, à plus d'un titre peut-être, de nous renvoyer cette ridicule dénomination. Ignorants ou vaniteux que nous sommes, nous ne réfléchissons pas que c'est la nouveauté seule de la plupart des choses, qui en fait communément pour nous le merveilleux et l'étrangeté !

— On s'apprivoise, par l'usage, avec toute espèce d'étrangeté ; il ne s'agit, en cela, que d'un peu plus ou d'un peu moins de temps.

Toute disposition particulière de nos organes, qui tend à singulariser nos mœurs, doit être soigneusement combattue en nous, comme ennemie des relations que nous sommes destinés à entretenir avec nos semblables. Il importe donc, à cette cause, d'accoutumer la jeunesse à vaincre de bonne heure ses antipathies naturelles, et à se plier de telle façon à toute espèce d'habitudes soit nationales ou étrangères, qu'elle se mette en état de pouvoir un jour faire toutes choses, sans cesser, pourtant, de n'aimer à faire que les meilleures et les plus raisonnables.

— La coutume diversifie notre nature comme il lui plait, et fait prendre à nos mœurs telle forme que bon lui semble. Aussi, doit-il entrer dans l'éducation des jeunes gens, qu'ils apprennent à troubler quelquefois leurs règles et leurs habitudes, afin de réveiller au besoin leur vigueur assoupie, et d'éviter par là qu'elle ne faiblisse et ne dégénère. Il n'y a train de vie si sot et si débile, que celui qui procède par ordonnance et par discipline. Un honnête homme n'adopte aucune façon particulière de vivre; il prend au contraire à tâche, non seulement de régler ses goûts sur ceux de son propre pays, mais encore de les assouplir aux usages de chaque nation, quelque étranges qu'ils puissent être.

—Un honnête homme ne s'effarouche point des formes contraires aux siennes; tel autre temps ou tel autre pays, il accepte les mœurs de tous les âges comme de tous les peuples, et se met de la sorte en droit d'obtenir, pour ses propres usages, le même respect qu'il professe pour les usages d'autrui.

— Il est dans la nature de l'homme qu'il s'attache, par l'empire de la coutume, aux lieux qui l'ont vu naître; mais, la patrie du sage, c'est l'univers.

Estimer par-dessus tout les mœurs de notre patrie, et, qualifiant de barbares les coutumes étrangères, ne vouloir adopter que les usages du pays où nous sommes nés, c'est un orgueil d'autant plus excusable, que nous le partageons avec tous les peuples répartis sur les différents points de l'univers. Mais, quelle bizarre et quelle absurde manie, que cette humeur particulière aux hommes quels qu'ils soient de notre nation, qui, soumise à l'autorité de caprices sans cesse renaissants, pousse les grands comme les petits, et les sages aussi-bien que les fous, à renverser aujourd'hui ce qu'ils idolâtraient hier, sauf à rétablir demain ce qu'ils réprouvent aujourd'hui!

Il n'y a point de fléau plus dommageable aux nations, que la licence qu'elles laissent quelquefois

prendre à la jeunesse de changer continuellement de
goûts, de règles et de manières. En effet, cet amour
de la nouveauté, qui, d'abord inoffensif, ne semble
guère, à son origine, que vouloir se jouer avec les
choses les plus frivoles, comme la forme des ajustements, le rhythme du chant ou de la danse, l'allure
de certains jeux ou de certains exercices, finit presque toujours, si l'on n'y met bon ordre, par dégénérer en une passion turbulente et indisciplinable,
qui va se ruant tantôt sur les mœurs pour les per-
vertir, tantôt sur les institutions pour les ruiner.

Il ne peut rien tomber, soit en bien ou en mal, de
si étrange dans l'imagination des hommes, qu'il leur
devienne impossible d'en justifier le ridicule ou le
merveilleux par l'exemple de quelque usage public.

— C'est une chose commune et pourtant surprenante, que les hommes, peu satisfaits encore des infirmités inséparables de leur condition, et se trouvant trop à l'étroit dans le cercle déjà si vaste de
misères qu'on dirait que s'est plu à tracer autour d'eux
la main de la nature, semblent prendre à tâche d'en
agrandir les limites, par toutes les ressources qu'ils
puisent, comme à l'envi, dans le dérèglement de leur
imagination. Mais, jusqu'où n'est-il pas croyable
que puisse aller, à cet égard, le désordre de leurs
dées, lorsqu'on voit que de certains peuples maudis-

sent leur naissance et bénissent leur mort, et que de
certains autres détestent le soleil et adorent les tènè-
bres, et qu'on sait que, dans telle et telle république, il est reçu en principe et passé en usage, que
des sectes entières se condamnent à subir toutes sortes
de gênes et de tortures, que réprouvent également les
lois du ciel et de la terre, comme s'il y avait quelque grande vertu à se rendre hideux, et quelque vraie
gloire à traîner une existence misérable? Qui recher-
cherait, dans les fastes de l'univers, toutes les opinions erronées et toutes les pratiques monstrueuses
que l'empire de la coutume a fait adopter, dans tous
les siècles, à la plupart des nations, comme leur pa-
raissant provenir des lumières d'une saine raison ou
des principes d'une haute sagesse, celui-là pourrait
entreprendre à bon droit de donner au monde le tableau le plus fidèle, sans contredit, et l'histoire la
plus complète des innombrables variétés de la folie
humaine.

---

# CHAPITRE IV.

### DES LOIS ET DES COUTUMES.

Les lois sont une sauve-garde que, pour l'intérêt
de leur sûreté commune, les hommes, du moment

où ils se réunissent en société, se voient contraints de demander aux lumières de leur raison contre les aveuglements de leur esprit.

De même que les filets d'eau les moins perceptibles se transforment parfois, à mesure qu'ils s'éloignent de leur source, en des fleuves de plus en plus vastes et de plus en plus majestueux, de même les usages les plus frivoles deviennent souvent, à proportion que la marche du temps contribue à nous en dérober l'origine, des lois de plus en plus saintes et de plus en plus vénérées.

Nous devons obéir aux lois par cela même qu'elles sont lois; mal leur prendrait souvent, en effet, qu'on recherchât si elles sont justes.

— Il n'y a pas jusqu'aux lois même de la justice, qui, par le besoin de subordonner, en toute occasion, l'intérêt particulier à l'utilité générale, ne se trouvent, à cette cause, plus ou moins entachées d'injustice.

— Les lois et les coutumes, sur l'observation desquelles il est indispensable que, pour l'intérêt de son repos et de sa durée, toute société prise soit en masse, soit dans chacun des membres qui la composent,

maintienne le réglement de ses mœurs et de ses volontés, doivent être envisagées comme l'expression,
non pas d'une justice et d'une vérité universelle,
mais d'une raison et d'une droiture de convention,
dont les principes varient, à l'égard de chaque peuple, suivant l'esprit dominant du siècle où il se fonde,
et des diverses époques durant lesquelles il se per-
pétue; suivant les influences propres aux localités
qu'il occupe, et les modifications accidentelles de l'atmosphère qu'il respire; suivant la nature et l'exigence
des besoins qu'il ressent, et la facilité ou la difficulté
qu'il trouve à les satisfaire; enfin, suivant la progression croissante ou décroissante de ses lumières,
cercle éternel d'ordre et de chaos, de vie et de néant,
où vient se résumer fatalement l'histoire de tous les
empires du monde.

Ce qui distingue particulièrement la religion chrétienne, et lui imprime le caractère d'une profonde
justice et d'une extrême utilité, c'est la recommanda-
tion qu'elle a faite aux hommes de concourir au maintien de l'ordre politique, par une aveugle obéissance
aux lois de leur pays, et de se soumettre, sans réserve, à toute espèce de sacrifice qu'elles viendraient
à leur imposer, fût-ce l'abandon même de leur sang
et de leur vie.

— Le sage ne s'effarouche point de ce qu'il peut y

avoir d'exorbitant, soit dans les mœurs, soit dans les lois même de son pays. Une fois au dedans et loin de la presse, il n'abdique sans doute pas le droit de juger librement des choses; mais, au dehors et parmi la foule, il adopte entièrement les formes reçues : voilà pour les usages. Quant aux institutions, il sait que, bien que la société publique n'ait rien à voir dans nos pensées intimes, qui ne doivent appartenir qu'à notre conscience, nous n'en sommes pas moins tenus de mettre au service de l'intérêt commun et nos actions, et nos travaux, et nos fortunes, et même, suivant l'avis et l'exemple du bon et du grand Socrate, jusqu'à notre existence, lorsque nos juges quels qu'ils soient la réclament.

Ce doit être le privilège exclusif des hommes d'un rare mérite et d'une haute vertu, que de pouvoir s'affranchir quelquefois du joug de l'étiquette, et de n'être pas tenus d'observer rigoureusement tout ce que commandent les mœurs et les usages de leur pays.

La législation d'un État est comme un hâtiment formé de pièces diverses entre elles, mais si étroitement jointes les unes aux autres, qu'il devient impossible d'en ébranler aucune, sans mettre aussitôt en péril le corps entier de l'édifice. Il ne laisse donc

pas d'y avoir une grande différence de celui qui se
conforme aux lois et aux coutumes de son pays, avec
celui qui entreprend, au contraire, de les censurer et
de les réformer. En effet, l'un peut se justifier à bon
droit de sa soumission, en alléguant son incompé-
tence même en de pareilles matières, outre l'exemple
dont tout homme de bien se croit tenu envers la commune, sous le rapport de ce qui touche essentiellement l'ordre et le maintien de la chose publique;
d'où il suit que, quoi qu'il fasse de fâcheux, en obéis-
sant à ce principe, on est contraint de le lui imputer,
non pas à malice, mais tout au plus à malheur. Pour
ce qui est de l'autre, il s'impose assurément une bien
rude tâche; car, celui-là qui se mêle de choisir et de
changer, s'attribue, par ce fait même, le droit de
juger; d'où il résulte qu'il lui faut, sous peine d'être
taxé d'ambition et de témérité, se faire fort de voir,
non seulement le mal certain de ce qu'il rejette, mais
encore le bien réel et manifeste de ce qu'il introduit.

❋

Législateurs ou moralistes, c'est la chose la plus
ordinaire que, parmi ceux qui s'occupent à régler les
devoirs généraux ou particuliers des hommes, il se
rencontre, dans un seul et même personnage, deux
individus diamétralement opposés : l'un, chez qui la
vanité fait taire la raison, quand le rôle qu'il s'est
donné de diriger nos actions publiques ou privées, le
représente à ses propres yeux comme imposant à la

multitude les rêveries de son imagination ; l'autre, chez
qui la raison parle à son tour plus haut que la vanité,
dès que, se retrouvant face à face avec lui-même, il
soumet à l'examen de sa conscience des lois ou des
préceptes, dont elle se voit contrainte d'avouer que la
rigueur excède la portée de nos forces, et, partant,
la mesure de notre obéissance. En effet, telle est la
destinée de certaines institutions, au fond desquelles
l'amour-propre de leurs auteurs croyait avoir déposé
le germe de la perfectibilité humaine, que ceux-là qui
les formulaient sous l'empire de cette conviction, ne
se sentent, à considérer l'usage qu'ils pourraient en
faire pour eux-mêmes, ni plus capables ni plus désireux de les suivre, que le commun des hommes, en
vue desquels ils avaient entrepris de les formuler.
Triste infirmité de notre condition, que cette fausse
lumière des plus hautes comme des plus basses intelligences, qui leur fait voir le mieux là où souvent est
le pire, et ne leur permet de reconnaître le pire qu'aux
fâcheux résultats qu'elles en obtiennent, en l'essayant
à titre même de ce qu'elles tenaient pour le mieux !
Mais, aussi-bien, que servent aux hommes, dont la
vie est une action matérielle, imparfaite et déréglée,
que leur servent, contre la licence qui les porte sans
cesse au-delà de ce qui leur est loisible et permis, ces
pointes si élevées de la politique et de la philosophie,
où nulle créature humaine ne saurait s'asseoir et
moins encore se maintenir, que leur servent-elles,
si ce n'est que le monde n'en va pas moins commu-

nément de la sorte : il laisse les lois et les préceptes
suivre leur voie, et se garde bien, pour ce qui le concerne, de quitter celle de la nature.

---

# CHAPITRE V.

### DE LA POLITIQUE.

La politique d'imagination , c'est-à-dire cette matière souple et ductile, qui va se pliant aux systèmes
les plus hypothétiques et les plus contradictoires, offre
ce point d'analogie avec la science de nos almanachs,
que, là où ils disent chaud ou sec, qui voudrait dire
froid ou humide, et mettre toujours le contre-pied de
ce qu'ils prophétisent, il y a lieu de présumer que,
pourvu qu'il songeât à ne point trop choquer l'ordre
et la marche des saisons, il ne trouverait pas moins
d'occasions que ces oracles de se donner gain de
cause touchant le cours et la succession des phénomènes atmosphériques, hormis toutefois le cas, assez
fréquent peut-être, où l'événement viendrait à démentir
l'infaillibilité de leurs mutuels pronostics. Il en est, à
vrai dire, à peu près ainsi de toutes les grandes théories d'intérêt universel , dont les principes reposent
sur l'éventualité des conjectures à venir : rêves d'i-

déologues ou subtilités de controversistes, c'est un privilège des gens de ce métier, mais dont l'abus d'ailleurs qu'ils en peuvent faire, ne saurait du moins entrainer rien de fàcheux pour la sécurité du monde, que de se prévaloir des opinions les plus étranges, à l'encontre des opinions non moins étranges d'autrui, tant qu'il ne convient pas à la fortune de faire justice des unes aussi-bien que des autres. Mais, il n'en va pas de la sorte, quant aux effets de cette politique particulière et exceptionnelle, dont les ambitieux de tous les pays se font une arme si souvent fatale au repos et à la durée des sociétés humaines; politique d'action qui, sous prétexte d'améliorer l'état présent de la chose publique, s'attaquant aux règles et aux mœurs de tel ou tel empire, brise et renverse lois et usages, sans se mettre en peine de ce qui surgira de ce croulement, sans avoir prévu quelle destination elle se propose de donner à ce monceau de ruines. Dieu sait les résultats de cet amour du changement, dès-lors qu'il vient à s'attacher au sein de quelque nation! Il est bien aisé de reconnaître et de reprocher des imperfections à n'importe quelle police, car toutes choses mortelles en sont pleines; il est bien aisé d'inspirer à n'importe quel peuple du mépris pour ses anciennes observances; nul n'en forma le projet, qui ne vint à bout d'une pareille entreprise : mais, de mettre un meilleur état de choses à la place de celui qu'on a ruiné, c'est en cela qu'on voit échouer les efforts de ceux qui ne craignent pourtant pas de l'enreprendre. Heureux le peuple qui, sans s'inquiéter es causes de ce qu'on lui commande, et le faisant nieux que ceux-là mêmes qui le lui commandent, s'abandonne, insouciant et résigné, à l'impulsion du oulement céleste! L'obéissance n'est jamais pure ni ranquille en celui qui raisonne et qui disserte.

---

# CHAPITRE VI.

## DE L'ORDRE SOCIAL.

Il n'y a rien d'inutile dans la nature, où toute spèce de mal recèle les éléments de quelque bien; t les mauvais penchants inséparables de l'organisaion humaine, servent au maintien de la chose pulique, comme les substances vénéneuses servent à à conservation de notre santé.

— Comme il y a de certains vices qui concourent maintenir l'ordre social, tout au contraire de cerines vertus qui ne tendraient qu'à le compromettre, t que ce qui est juste et légitime suivant notre conience, peut se trouver injuste et illégitime suivant s lois, il en résulte que, nous montrer par trop xigeants sur la délicatesse des hommes chargés du

niement des affaires publiques, ce serait vouloir,
ɔoins de mal entendre le monde, leur imposer une
he souvent impraticable.

Il faut que l'homme public sache commander à
vertu ; que, la proportionnant aux aberrations de
prit humain, il prenne à tâche de la faire plier aux
gences de son siècle ; ou que, s'il n'est maître de
ssouplir en mainte occasion, il se retire inconti-
nt des affaires du monde.

— Nul ne peut prétendre sortir si net et si pur du
niement des affaires du monde, qu'il ne doive lui
ter, en les quittant, quelque compte à régler avec
conscience.

---

# CHAPITRE VII.

### DE LA MUTATION.

La mutation est à craindre en toute sorte de choses,
is notamment en ce qui regarde les institutions
maines, qui, plus elles vieillissent et nous dérobent
trace de leur origine, plus elles prennent de force
acquièrent de véritable crédit.

— Bons ou méchants, sauvages ou civilisés, les hommes éprouvent le besoin de se réunir et de s'agglomérer en quelque sorte, pour mettre les intérêts de chacun d'eux sous la sauvegarde de tous, en établissant dès l'abord, suivant leurs mœurs ou leurs penchants, les lois qu'ils jugent les plus propres à régler et à maintenir cet état de communauté. De là le véritable esprit qui doit présider au progrès comme à la réforme des institutions primitives de toute république. Les théories puisées dans les seules ressources de l'imagination, et destinées à assurer le bonheur de tous les peuples pris en général, abstraction faite de leur tempérament propre et de leurs habitudes particulières, ressemblent à ces rêves qui charment et ravissent les sens durant le sommeil, mais qui ne laissent à la raison, dès que le réveil vient à lui rendre le libre usage de ses facultés, que des souvenirs si merveilleux et si fantastiques, que, de vouloir tenter la réalisation de pareilles chimères, que, de se promettre d'y donner l'ombre même d'un corps et le moindre souffle de vie, ce serait, à vrai dire, une pensée aussi absurde que téméraire, tant on se trouverait bientôt forcé de reconnaître qu'il n'y avait au monde projet plus décevant et entreprise moins exécutable. C'est également folie que d'emprunter, pour s'en servir à modifier la forme et le régime de tel gouvernement, les règles de tel autre gouvernement d'une forme ou d'un régime tout-à-fait contraires : rien de plus dangereux pour un État que l'innovation ; car, il est à craindre que le premier essai qu'il croyait faire du mieux, venant à le jeter tout d'abord de mal en pis, cette déconvenue ne l'entraine à poursuivre, par toute sorte de tentative et par toute espèce de changement, la découverte de quelque système que ce soit d'une apparence plus ou moins favorable, où il lui semble permis de borner enfin ses recherches et de fixer pour jamais ses espérances, mais où, loin de là peut-être, il ne doit rencontrer qu'une rapide et fatale dissolution, qu'une complète et irrémédiable ruine. Il faut traiter les États comme on traite les hommes, par un régime approprié à leur constitution : procéder par secousses trop violentes, c'est souvent appeler la mort sur ceux-là mêmes dont on ne voulait que hâter la guérison. D'ailleurs, outre que le bien ne succède pas toujours nécessairement au mal, il y a des maux dont on ne peut chercher à se défaire, sans risquer de voir d'autres maux en venir prendre immédiatement la place ; et le mal le plus ancien et le mieux connu est, sans contredit, plus supportable qu'un mal récent et non encore expérimenté.

C'est surtout le repos et l'existence de ce qu'il y a de mieux famé et de plus honoré parmi les gens de mérite et de vertu, que menace et compromet la témérité de ceux qui se prennent à combattre les lois et à ébranler les institutions d'un État.

૪ . — Le seul et unique fruit que soient en droit d'attendre de leur ambition ceux qui donnent le branle au renversement d'un État, lorsqu'il n'arrive pas qu'ils se trouvent des premiers absorbés dans sa ruine, c'est, le plus ordinairement, d'avoir battu et troublé l'eau pour le profit d'autres pêcheurs.

Il n'y a souvent pas moins de générosité, en ce qui regarde les mutations de la chose publique, à ne rien faire, qu'à se livrer au hasard de bien ou de mal faire, à savoir se modérer et s'abstenir, qu'à se mettre, à tout événement que ce puisse être, en devoir d'agir.

— Il faut assurément s'aimer et se priser bien au-delà de ce qu'il est permis de le faire, pour ne craindre pas d'établir ses opinions au prix de tous les maux qu'on sait être la suite naturelle d'une révolution d'État. En effet, quel danger si pressant offrent donc quelques imperfections plus ou moins contestables, que, pour les combattre et pour les anéantir, il s'agisse de troubler une paix publique, et d'appeler sur son pays l'oubli des devoirs, la corruption des mœurs, l'anéantissement de tout frein et de toute loi, le déchaînement de toutes les fureurs et de tous les attentats, l'envahissement enfin de tant de fléaux, cortège monstrueux et inévitable des guerres civiles? Et, de quelque grande, de quelque utile fin qu'on

cherche d'ailleurs à se prévaloir, pour justifier son
entreprise, n'est-ce pas engager bien avant son honneur, n'est-ce pas mettre à découvert la pire espèce
de tous les vices, c'est-à-dire le culte égoïste, l'ido-
làtrie exclusive de soi-même, que de connaitre et de
prévoir tous ces malheurs et toutes ces infamies,
et de ne rougir point de fonder sur de pareils désastres le triomphe de ses opinions, en dépit de toutes
les révoltes et de toutes les clameurs de sa conscience?

# CHAPITRE VIII.

## DE L'ESPRIT DE PARTI.

L'esprit de parti nous fait juger les hommes et apprécier les événements, non pas suivant ce qu'ils
sont en réalité, mais suivant ce que nous voudrions
qu'ils fussent, ou ce qu'il nous semble qu'ils devraient
être. Telle est, pour les gens de cabale et de faction,
la mesure de la justice humaine, que tout ce qui
contrarie leurs vœux et compromet leurs espérances,
ils le regardent comme un affront personnel, dont le
ressentiment les dispense d'accorder à leurs ennemis
l'estime que le mérite et la vertu commandent. En-

deçà comme au-delà des moyens propres à seconder
le triomphe de leurs intérêts et de leurs passions,
ils ne voient plus que des objets dignes de mépris et
de haine; et c'est ainsi que les hommes sacrifient sans
pudeur à ce qu'il leur plait de qualifier d'exigences
'politiques, les droits imprescriptibles de la raison et
de la vérité.

N'espérez point de mettre d'accord telles gens qui
viennent à prendre parti, ceux-ci pour les privilèges
monarchiques, ceux-là pour les immunités populaires.
C'est à peine si, au milieu de ce chaos de principes
mal définis, d'intérêts comme à dessein confondus,
d'empiétements plus ou moins audacieux, et d'indi-
gnes représailles tout aussi peu justifiables, il appartient à la haute et impassible raison du sage de venir
en aide, soit à la domination, soit à la sujétion; c'est
à peine s'il lui est donné de pouvoir éclairer l'une ou
l'autre sur quelques-uns même des droits et des devoirs communs entre elles, ou des droits et des devoirs particuliers à chacune d'elles.

---

# CHAPITRE IX.

## DES DISSENTIONS PUBLIQUES ET DES QÜERELLES PARTICULIÉRES.

Dans les temps de dissentions publiques, il n'y a plus ni serviteur, ni ami, ni parent même, en qui l'on puisse avoir quelque raison de se fier; car, ce n'est guère le moment de compter sur la bonne foi de personne, lorsqu'il devient loisible à chacun de se déshonorer impunément, et de se montrer injuste et déloyal, sous couverture de justice et de loyauté.

Les guerres civiles produisent souvent le triste exemple d'hommes publics, qui, venant à changer d'opinion et de conduite, punissent les particuliers de la docilité qu'ils montrèrent à les suivre sur telle route, que leur faiblesse ou leur ambition devait un jour leur faire abandonner : horrible image de justice!

C'est pitié que de mettre à nu les causes et les res-

sorts des plus grandes agitations de ce monde. C'est
pitié que cet esprit de vertige, qui, s'emparant quelquefois de tout un peuple, fait se passionner tout d'un
coup ceux-ci pour et ceux-là contre des questions,
qui ne touchent en rien les uns non plus que les autres, et s'entre-égorger les enfants d'une même patrie
au sujet de traités et d'accords, dont la décision semblerait appartenir de plein droit et en toute souveraineté aux devis de boudoir de quelque femmelette. Et
si, des dissentions publiques, on descend aux que-
relles particulières, c'est encore pitié que ce faux
point d'honneur, qui, sur les propos les plus frivoles,
pousse des hommes, réputés gens de jugement et de
raison, à ces défis du sang, où l'on dirait que nul ne
reconnaisse d'intérêt plus sérieux, de devoir plus important ici-bas, que l'obligation qu'il s'est faite de
soutenir, aux dépens même de sa vie, les susceptibi-
lités les plus puériles et les moins fondées de son
amour-propre. Mais, qu'après avoir, par d'éclatantes
insultes, dont vous ne laissiez pas de tirer avantage
aux yeux de vos amis, contraint un galant homme à
vous suivre en champ clos, vous ne trouviez de force
et de courage, au moment de croiser les armes, que
pour vous retrancher, criant grâce et merci, dans
des interprétations plus basses et plus honteuses que
vos offenses mêmes : oh! alors, ne disons plus : c'est
pitié! En effet, ces misérables subterfuges qu'on tiendrait pour empruntés à la chicane du Palais, que
pensez-vous qu'ils doivent éveiller autre chose en

notre âme que de l'indignation et du mépris? Hé quoi,
pour sauver un démenti que vous avez donné, ne rou-
gissez-vous point de démentir le témoignage de votre
conscience? Non, s'il est vrai que vous ayez eu dessein de braver votre adversaire, mieux vaut le braver
une seconde fois, que de chercher à calmer son ressentiment par ces viles manœuvres, qui tourneraient
l'offense contre vous-même. C'est ici, sachez-le bien,
que l'opiniâtreté revêt bon air et bon visage; mais,
c'est également ici que la pusillanimité ne peut que
se couvrir de déshonneur, et que s'entendre qualifier
d'insigne et de détestable bassesse. Il n'y a donc
point, croyez-moi, de milieu à votre fait : déclarez
hautement et loyalement que vous n'étiez qu'un insensé; sinon, lâche, battez-vous!

---

# CHAPITRE X.

### DE LA GUERRE.

Rien de plus noble en sa cause, rien de plus utile
en ses effets, rien de plus séduisant en ses moyens,
que la profession des armes. Le haut et puissant intérêt qui s'y rattache; la brillante et solide renommée
qui en résulte; la vie libre et sans mollesse qu'on y
mène; les discours francs et sans recherche qu'on y

tient; enfin, jusqu'aux hasards qu'on y affronte, en compagnie d'hommes jeunes, vifs et alertes, toujours prêts à se porter, par plaisir autant que par devoir, à mille actions diverses; tout contribue à faire de ce métier l'objet des prédilections de certaines âmes d'élite, qui ne comptent de jours bien et dûment remplis dans leur existence, que ceux qu'elles peuvent exposer au profit de l'ordre ou de la gloire de leur patrie. Ce n'est pas que la bravoure, cette vertu par excellence, ne soit, parmi la soldatesque, une chose d'assez facile rencontre, au milieu de l'entraînement des combats, et que la lâcheté n'y devienne, au contraire, un vice rare et pour ainsi dire exceptionnel. Au surplus, loin que personne ait lieu de s'en étonner, on concevrait malaisément qu'il ne dût pas en être de la sorte : que d'autres, en effet, vous surpassent en science, en grâce, en force, en fortune, ce serait sans contredit raison à vous que d'en accuser ou la nature, ou le destin, ou toute autre cause tierce; mais, de leur céder en valeur, vous n'auriez à vous en prendre qu'à vous-même, lorsque l'exemple est là partout à vos côtés pour soutenir votre courage. La mort, d'ailleurs, combien n'est-elle pas plus pénible et plus abjecte en un lit que sur un champ de bataille? Et qui serait fait à supporter sans étonnement les fièvres, les maladies, et toutes les épreuves de la vie commune, qu'aurait-il à envier au plus hardi, pour se montrer un vaillant homme de guerre?

❋

S'il est vrai de dire que la raison nous défend,
dans la vie commune, de tirer parti de la sottise des
autres, il ne s'ensuit pas qu'elle ne nous permette, en
temps de guerre, de nous prévaloir de l'imprévoyance
de nos ennemis, tout aussi-bien qu'elle nous autorise
à faire notre profit de leur lâcheté.

❋

Il est dangereux de pousser un ennemi qu'on vient
de mettre en déroute; il est dangereux de l'assaillir
durant sa fuite, et de ne lui laisser de chance de salut que dans la voie des armes. Le désespoir est un
puissant maître en fait d'héroïsme; et l'on a vu plus
d'une fois l'acharnement des vainqueurs à poursuivre
les vaincus, changer tout à coup la face d'une action,
et transformer une victoire sûrement acquise en une
défaite justement méritée.

❋

L'honneur d'un homme de guerre consiste moins
à bien battre qu'à bien combattre.

C'est ternir l'éclat de la plus belle victoire, que
d'exiger de ceux qu'on tient à sa merci, rien de plus
que l'aveu de leur défaite.

Il y a des revers glorieux et des défaites triom-
phantes à l'envi des plus belles victoires.

---

## CHAPITRE XI.

### DE LA FORTUNE.

Il n'y a personne qui soit en droit de se donner
pour homme de bien, s'il n'a la certitude que sa cous-
cience ne doive non plus varier dans la bonne que
dans la mauvaise fortune.

Il n'y a pas moins de déraison à repousser avec dé-
dain qu'à rechercher avec empressement les biens
quelconques de la vie; et le vrai sage est celui qui,
par l'effet d'une vertu souple et sociable autant que
mâle et énergique, toujours prêt à se placer au niveau
quel qu'il soit de sa fortune, ne se fait pas plus de
scrupule de jouir sans faste et sans orgueil des avantages de la prospérité, que de mérite de soutenir sans
trouble et sans regret le poids et les rigueurs de l'adversité.

Nous devons être toujours prêts à faire tête à la fortune; car, nous ne saurions avoir, pour peu que, se
tournant contre nous, elle s'avise de nous courre sus,
ni assez de prudence pour prévoir ses mauvais desseins, ni assez de promptitude pour éviter ses soudaines atteintes.

C'est une chose vaine et frivole que la prudence
humaine; car, pour n'être point sujets à nous mécompter dans nos opinions ni dans nos entreprises, il
nous faudrait avoir la clef des événements à venir, et
il nous arrive, au contraire, de vérifier tous les jours,
à nos dépens, que les derniers mots n'en appartiennent qu'à la fortune. Or, laissant de côté le pouvoir
qu'elle exerce, soit en bien ou en mal, sur toutes les
circonstances de la vie commune, et sans considérer la
part plus ou moins grande qu'on doit lui attribuer dans
le succès de certaines sciences conjecturales, au premier rang desquelles on peut placer la médecine, d'où
viennent, à n'envisager que les résultats parfois merveilleux de certaines autres sciences, telles que la
poésie, la peinture, l'éloquence et la stratégie, dont
la pratique repose sur des principes généralement
consacrés; d'où viennent ces saillies soudaines, ces
mouvements extraordinaires, ces agitations surnatu-
relles, qui, s'emparant comme à l'improviste de l'es-

prit de l'homme, lui font concevoir et enfanter, pour ainsi dire à son insu, en dehors des règles les mieux éprouvées et par les moyens les moins fondés en apparence, de véritables prodiges, dont l'accomplissement passe sa propre intelligence, et commande l'admiration universelle? D'où viennent ces heureuses innovations, ces utiles découvertes, ces brillants chefs-d'œuvre, ces mémorables actions de guerre, enfin tant de palmes si glorieuses et tant de trophées si divers, dont s'enrichissent tous les siècles et tous les peuples, depuis l'origine du monde; d'où viennent-ils que du souffle inspirateur et de l'influence créatrice de la fortune? Et ne semble-t-il pas que ce qu'on a coutume de nommer génie, on ferait mieux peut-être, en bien des occasions du moins; de l'appeler bonheur?

— Il ne suffit pas, pour se faire un nom glorieux dans les armes, de réunir en soi les qualités physiques et intellectuelles, qui sont le propre du grand homme de guerre; il faut, indépendamment de ces avantages, avoir encore pour soi l'occasion qui sert à les produire, et le bonheur qui permet de les conserver. En effet, quand vous posséderiez une organisation tout aussi riche et tout aussi complète, sous le rapport des capacités militaires, que celle même dont la nature avait pris soin de pourvoir Alexandre ou César, toujours est-il que vous ne sauriez être César ni Alexandre que sous le bon plaisir de la fortune.

— C'est un noble dessein que de vouloir assigner même à notre mort un but utile et glorieux ; et, néanmoins, l'effet d'un pareil vœu dépend, non pas absolument de notre bonne résolution, mais en grande partie, au contraire, de notre bonne fortune.

# CHAPITRE XII.

## DE LA GLOIRE.

La gloire est une rêverie si généralement et si profondément enracinée dans l'imagination des hommes, que, la richesse, le repos, la santé, l'existence même, ils se prennent à quitter tous les biens réels et positifs de ce monde, pour courir après la plus fugitive et la moins saisissable des chimères. Il n'y a pas jusqu'aux philosophes qui, se laissant entraîner à poursuivre cette vaine image, et cherchant à se saisir de cette voix sans corps et sans prise, ne fondent l'espoir de leur célébrité personnelle sur les ouvrages mêmes où ils nous prêchent le mépris de la célébrité. Aussi, résulte-t-il de cette passion dominante et universelle pour la renommée, que, quoique nous mettions volontiers toutes les autres choses en commun, et que nous engagions non seulement nos biens, mais encore nos vies, pour l'utilité de nos amis, le plus grand des sacrifices dont nous soyons capables, c'est, sans contredit, l'abandon qu'il pourrait nous arriver de faire à autrui de notre gloire, dans l'unique but de servir sa propre réputation.

Il faut distinguer, en fait de gloire, le nom qui signifie, mais ne constitue en rien la chose, et la chose qui doit, non pas une partie même de son existence essentielle, mais seulement sa désignation particulière à l'office que lui rend le nom. Or, il n'y a que Dieu qui, par cela qu'il est toute perfection et toute excellence au dedans, soit vraiment digne d'être glorifié pour ses actes extérieurs. En effet, comme on ne peut louer ce qui est parfait et excellent au-delà de toute expression, quand nous louons Dieu, ce n'est pas à ses vertus qui ne peuvent grandir, c'est à ce qui en résulte, ou plutôt encore à son nom qui seul peut incessamment s'accroître, que nous attribuons nos louanges; et, pourtant, si haut que nous élevions nos actions de grâces, il est impossible qu'elles atteignent jamais à la hauteur de ses mérites. Mais, quant à nous, la gloire que nous ne rougissons pas de revendiquer pour nos œuvres apparentes, malgré le besoin urgent où nous nous trouvons de tant de choses solides et indispensables, que nous devrions d'abord, au lieu de songer à tout avantage superflu, nous mettre en devoir d'acquérir, cette gloire ne saurait être qu'une sorte de voile brillant, il est vrai, mais sans utilité comme sans consistance, qu'une espèce de vêtement de luxe, propre sans doute à fasciner les yeux d'autrui, mais sous le faux éclat duquel nous nous efforcerions en vain de nous dérober à nous-mêmes la connaissance des misères intimes de notre condition si incomplète et si nécessiteuse.

Il n'y a point de théâtre si fécond en fausses apparences que celui de la guerre. En effet, quoi de plus facile à un soldat expérimenté, que de gauchir en de périlleuses rencontres, et de ne pas laisser pourtant de faire le brave, alors même qu'il se sent au cœur le plus de trouble et de mollesse? Il y a tant de moyens, pour un homme pratique, d'éviter les occasions de se hasarder en particulier, qu'il aura plus de cent fois trompé son monde, avant de se jeter dans quelque pas dangereux; et lui arrivât-il, contre ses prévisions, de s'y trouver engagé, il saurait bien alors couvrir son jeu d'un bon visage et d'une parole assurée, quelque violemment, d'ailleurs, que l'âme lui dût battre au dedans. Mais, combien n'a-t-on pas, dans ce métier des armes, d'hommes de corvée et de néant pour compagnons, ou, disons mieux, pour artisans de sa gloire? Celui qui se tient ferme en une tranchée découverte, que fait-il en cela que ne fassent avec lui, et devant lui, et tout aussi vaillamment que lui, cinquante pauvres pionniers, qui lui ouvrent la

marche, le couvrent de leurs corps, et qui ne reti-
reront de la renommée qu'ils lui préparent, que la
misérable solde strictement nécessaire pour fournir à
leur subsistance? Et tout le monde parlera de ce seul
homme, tandis que nul ne s'enquerra de ce que sont
devenus les cinquante autres! Et, peut-être, celui-là
commençait-il de pâlir et de défaillir, au moment où,
peu soucieux de leur conservation, ceux-ci faisaient
le dernier pas et rendaient le dernier soupir, afin d'accroître son nom aux dépens même de leur vie. Voilà
donc, trop souvent, ce que c'est qu'on appelle la
gloire! Non, quelque douceur que nous trouvions à
devenir l'objet des éloges d'autrui, nous ne saurions
tout au plus en faire état, que lorsque nous sommes
parvenus à nous rendre vraiment dignes de notre estime personnelle. Qu'est-ce que vivre chez les autres et
par les autres, si nous ne nous efforçons d'abord de vivre
honorablement en nous-mêmes et par nous-mêmes?
C'est la seule gloire bien et dûment fondée, la seule qui
soit à l'épreuve du contrôle des temps à venir, la seule
qui n'ait rien à redouter du choc toujours renaissant
des opinions humaines, la seule, en un mot, que puisse
légitimement ambitionner tout homme de bien.

On ne voit non plus la gloire s'attacher nécessairement au mérite, que l'ombre marcher infailliblement
avec le corps. OEuvres subites, créations accidentelles
de la fortune, l'une et l'autre naissent, ordinaire-

ment, grandissent ou diminuent, vivent ou meurent,
sont, enfin, ou ne sont pas, suivant le jour où il lui
convient de placer l'homme, objet constant de ses caprices.

— L'homme de cœur n'estime la gloire, qu'autant
qu'il la doit, sinon tout entière, en grande partie du
moins, aux nobles effets de son mérite et de sa vertu;
rien ne lui sourit et ne lui agrée, en ce qui se rattache
à sa renommée, de tout ce qui ne lui semble provenir
que des causes accidentelles de la fortune.

La gloire ne se donne pas à vil prix; elle se dérobe même, tôt ou tard, aux poursuites de celui qui
cherche à la fixer par l'éclat plutôt que par l'utilité
de ses actions. Mais elle finit, au contraire, par venir
trouver celui-là qui fait le bien dans l'ombre, non-
chalamment et paisiblement, comme s'il le laissait
en quelque sorte échapper de sa main, c'est-à-dire
celui-là qui n'est mû à faire le bien que par la noble
et discrète ambition de bien faire.

Qui se sera fait une sainte loi de ne dévier jamais
des droits sentiers de la justice, n'aura pas laissé,
pour obscure d'ailleurs que puisse être sa mort, d'acquérir toujours assez de gloire. *Notre vraie gloire*,
dit saint Paul, *c'est le témoignage de notre conscience.*

# CHAPITRE XIII.

## DES RÉCOMPENSES D'HONNEUR.

Autant il est manifeste que les hautes vertus sont d'une pratique peu commune en ce monde, autant il est indispensable que les moyens destinés à en guerdonner le mérite, soient d'une nature et à la fois d'une application peu ordinaires, en toute sage république. Ce n'est donc pas au poids de l'or, c'est, à le bien entendre, au poids de l'honneur que se peuvent justement évaluer les hommes revêtus de ces nobles et rares avantages. Mais, en outre, les récompenses d'honneur sont comme une sorte de monnaie au plus haut titre, dont on ne saurait,—tant il y a de saine raison en ce précepte que suivait notamment Auguste, —prendre trop de soin de se montrer plus ménager que de toute autre espèce de valeur rémunératoire; car, il arrive qu'on en fait augmenter ou diminuer l'estimation, suivant qu'on ne laisse pas d'en être prudemment avare ou inconsidérément prodigue.

---

# CHAPITRE XIV.

## DE LA DOMINATION ET DE LA DÉPENDANCE.

Il n'est, on le peut croire, personne qui, pour peu qu'il réfléchisse sur l'imbécillité de l'entendement humain, ne doive se montrer bien moins jaloux de commander que d'obéir.

La servitude est souvent plus grande de nous à nos valets, et même à certains animaux que nous avons en notre dépendance, qu'elle ne l'est de ceux-là, pour peu qu'ils y pensassent, ou de ceux-ci, pour peu que chance leur avînt de pouvoir y penser, c'est-à-dire des uns aussi-bien que des autres à nous-mêmes.

Nous ne sommes en droit d'exiger des individus que nous nous attachons en vue de notre intérêt, de notre plaisir, ou de notre service, rien au-delà des qualités propres à remplir le but qui nous les avait d'abord fait rechercher : c'est une chose déjà si peu commune, que de trouver un homme complet, sous le rapport de l'état même qu'il exerce, ou du mérite particulier qu'il se donne ou qu'on lui suppose.

C'est peu, en ce qui touche le service des princes, que de savoir être discret, si l'on ne sait encore être menteur.

— Rien n'empêche un favori d'être un homme véridique en toute autre espèce de cause que ce soit; mais, il lui faut accorder cela, qu'il ne doive penser et ne puisse parler que favorablement de son maître.

— Il n'y a point de plaisir plus piquant, dans le commerce de la vie, que la lutte des facultés du corps ou de l'esprit, lorsqu'elle vient à s'établir entre personnes d'une égale condition. Or, il n'en va pas ainsi entre les princes et leurs sujets; ce sont, quant aux uns, des combats toujours décidés avant le croisement des armes, où le prestige de la toute-puissance étouffe dès l'abord, dans les autres, jusqu'aux moindres germes de l'émulation; et, loin qu'il arrive jamais à tête couronnée de pouvoir y acquérir la juste connaissance de ce qu'elle vaut, tout le fruit qu'elle parvienne à tirer de la victoire, c'est celui-là, peut-être, de donner au plus lâche et au plus sot le droit de dire : « J'ai cédé, c'était mon roi. » Mais, honteuse et souvent funeste prérogative d'un souverain ! car, de même qu'on lui suppose ou lui concède, soit

par crainte ou par flatterie, l'avantage en toute espèce de qualités physiques et morales, de même s'in-
génie-t-ou à simuler en soi toutes les infirmités apparentes et de son corps et de son âme. Il y a tant
d'exemples de fortunes bàties sur la servilité, qu'il
est difficile à la faiblesse humaine de résister aux influences de la contagion ; et tant d'injustes châtiments
ont payé la gloire de vaincre, en quoi que ce soit, les
maîtres du monde, qu'il n'est pas jusqu'à certains
philosophes, dont la conscience n'ait quelquefois reculé devant le danger possible de leur faire entendre,
sur les points même les moins irritants, le généreux
langage de la droiture et de la vérité.

Les rois, quels que soient l'éclat et la pompe des
honneurs qu'on s'empresse à leur rendre, et qui tendent à les diviniser aux yeux du vulgaire, n'en sont
pas moins formés du même limon dont furent pétris
les plus infimes de leurs sujets. Hommes tout aussi-
bien que nous, ils ne sont, à part cela seulement
qu'ils sont rois, ni plus ni moins que nous sommes :
passions, faiblesses, infirmités, ils subissent ainsi
que nous le joug des misères humaines, de la dernière desquelles, s'ils sont malheureusement nés,
l'empire même de l'univers ne pourrait les affranchir.
Mais, qu'ils soient habiles, nobles, vertueux, et
vraiment faits pour porter une couronne, la royauté
la plus belle et la plus souhaitable ne saurait-elle

rien ajouter encore à leur bonheur; et peut-être ne tarderaient-ils pas, s'il ne s'agissait pour nous que de prendre avis de leur expérience, à nous répondre avec le roi Séleucus, que, « Qui saurait le poids d'un sceptre, ne daignerait le ramasser, quand il le trouverait à terre. »

— Les rois, quant à la jouissance des plus douces et des plus pures voluptés, sont, suivant Hiéron, d'une condition pire que celle des autres hommes, d'autant que l'aisance et la facilité fait perdre aux voluptés leur aigre-douce pointe, que ne laisse jamais d'y trouver, au contraire, la peine et la difficulté. En effet, qui ne se donne loisir d'avoir soif, ne saurait prendre plaisir à boire; et l'on peut dire des rois, eu égard à toute espèce de vœux et de jouissances, qu'ils n'auraient rien à désirer, s'il ne leur manquait de pouvoir désirer quelque chose.

— A voir les rois, par suite des obligations imposées à leur charge, se constituer comme d'eux-mêmes prisonniers dans les limites de leurs États; à voir tout un peuple s'arroger le droit d'épier leurs plus insignifiantes démarches, et condamner jusqu'aux pensées que souvent il lui plait de leur attribuer; à voir cette fâcheuse presse dont toute leur vie se trouve pour ainsi dire enveloppée, et qui, dans sa constante sollicitude à prévenir leurs moindres volontés, semble vouloir bien moins les délivrer de la dépendance par-

fois si douce du désir, qu'abaisser l'orgueil du maître
sous le joug déshonorant de ses sujets; à voir, en un
mot, tant d'incommodités inhérentes à la majesté
souveraine, qui pourrait s'empêcher de convenir que
la royauté est la plus lourde et la plus onéreuse de
toutes les servitudes?

— Hiéron plaignait surtout les rois de ce que, par
leur élévation, qui les met hors du concours ordinaire des hommes, ils se trouvent privés du commerce à la fois si doux et si utile de l'intime amitié.
En effet, dans cette inégale réciprocité d'intérêts, qui
ne permet qu'à peine au monarque de se communiquer à ceux que leur bonne ou mauvaise destinée approche le plus de sa personne, quel témoignage d'affection ou de dévouement se croirait-il si fort en droit
d'attendre de quelqu'un même de ces familiers, que
la naissance ou la faveur fait marcher immédiatement
à sa suite, qu'il ne songeât encore à se demander si
c'est bien là un acte de franche et pure volonté, sous
la manifestation duquel on ne dût, en y regardant
de près, découvrir le moindre sentiment de crainte
ou d'ambition personnelle? Car, ce n'est pas le roi
que nous révérons, c'est la royauté! Car, ce n'est
pas le roi que nous suivons, c'est sa fortune, par l'espoir d'en accroître la nôtre! Aussi, pour ce qui est
de la vérité, comment un roi se flatterait-il de l'obtenir à titre gratuit et bénévole de n'importe lequel de
ses sujets, lui qui tient leur liberté comme bridée

de tout point par sa puissance, lui dont il leur semble que la volonté doive être habituellement beaucoup
plus près de les menacer que de les protéger? Comment, enfin, pourrait-il s'enorgueillir de les entendre
le louer de sa justice même, si, comme l'empereur
Adrien le disait un jour à ses courtisans, il n'est,
entre les grands et les petits, personne qui osàt reprocher hautement à un souverain ses mauvaises
actions?

— Tous les véritables avantages dont jouissent les
princes, leur sont communs avec les hommes de
moyenne fortune. C'est à faire aux dieux que de
monter des chevaux ailés et de se nourrir d'am-
broisie. Mais, pour les grands de la terre, ils n'ont
point d'autre sommeil ni d'autre appétit que le nôtre;
leur acier n'est point d'une trempe supérieure à celle
de nos propres armes ; les attributs de leur puissance
ne sauraient les mettre à couvert du soleil ni de la
pluie; en somme, il n'y a point de biens réels que
nous puissions leur envier, tandis qu'il y en a de positifs qu'ils nous envient, et que leurs vrais maux,
d'ailleurs, surpassent de beaucoup les nôtres. Dioclé-
tien, qui portait une couronne si révérée et si for-
tunée, se démit de l'autorité suprême, afin de s'a-
bandonner aux douceurs d'une vie privée ; et comme,
peu de temps après, la nécessité des affaires publiques requérait de lui qu'il revint en prendre de nouveau la charge, il répondit à ceux qui avaient reçu

mission de le solliciter à cet effet : « Vous vous gar-
deriez bien de me tant presser sur ce point, si vous
aviez vu le bel ordre des arbres que j'ai plantés moi-
même dans ma retraite, et les beaux melons que j'y
ai semés. »

C'est un rude métier que celui de roi, tant il est
malaisé de se maintenir dans de justes bornes, à qui
se sent investi d'un pouvoir sans limites ; et, pourtant, quel encouragement n'est-ce pas à devenir vertueux, que le moindre bien que vous fassiez, on l'en-
registre comme un acte de vertu, et que le plus grand
bien même, il vous suffise quelquefois d'un mot ou
d'un regard pour le faire !

C'est une sorte de témoignage, contre un monarque, de ne sentir point assez ce qu'il est et ce qu'il
vaut par sa dignité même, que l'application qu'on le
voit mettre à se faire valoir par des dépenses exces-
sives. Ce serait, à la rigueur, une chose excusable
en pays étranger ; mais, au milieu de ses sujets, où
il peut tout, il tire de l'autorité suprême la plus
grande part d'honneur à laquelle il lui soit donné de
prétendre. Loin donc, bien loin surtout ces prodi-
galités de jeux et de fêtes, dont la pompe et la ma-
gnificence ne repaissent un moment les yeux du
peuple, que pour lui donner le droit de vous deman-

der plus tard un compte rigoureux des tributs pré-
levés aux dépens de ses premiers besoins, de ces
tributs remis en vos mains comme un dépôt sacré,
dont il ne vous est permis de faire usage que pour son
utilité ou pour sa gloire! Que votre grandeur cherche
à se signaler par des travaux utiles et durables : tel
est le premier devoir d'un souverain; tel doit être
même, en quelque lieu qu'elle s'adonne, le véritable
fruit de l'opulence. Quant aux libéralités dont vous
vous faites un mérite de payer les services de vos
sujets, gardez qu'elles n'excèdent la mesure d'un
bon discernement et d'une saine justice; leurs services ne font-ils pas en quelque sorte partie de votre
privilège, tout comme le droit qui vous a été réservé
de répartir équitablement vos bienfaits? Dispenser
les grâces sans choix et sans discrétion, c'est, en
vous exposant à faire honte à ceux-là mêmes qui en
deviennent l'objet, vous rendre coupable d'injustice
envers tous les autres; et le superflu des favoris fait
quelquefois souvenir le peuple que ces richesses furent prises sur son nécessaire. Mais, en outre, les
favoris d'un prince excessif en dons, finissent par se
rendre excessifs en demandes : ce qu'on a reçu ne se
met point en compte, et l'on s'habitue peu à peu à
ne plus envisager que les libéralités futures. Plus les
princes, d'ailleurs, s'épuisent en donnant, plus ils s'ap-
pauvrissent d'amis. Qu'ils distribuent, au contraire,
les récompenses avec sagesse, ils ne manqueront pas de
s'assurer un trésor inépuisable dans la reconnaissance

de leurs sujets : la justice est le gage le plus certain de
la vertu des rois, et le mobile le plus puissant de l'a-
mour des peuples.


Parmi les mérites qui semblent propres à distinguer le plus éminemment un souverain, parmi les
moyens qu'il lui importe de mettre en pratique pour
agir le plus efficacement sur l'esprit des peuples, il
n'en est, à coup sûr, aucun qui lui doive acquérir à un
plus haut degré l'amour et le dévouement de ses sujets, que l'exemple qu'il a, entre autres, mission de
leur donner, sans que force que ce soit vienne jamais à
l'en distraire, d'un courage à l'épreuve de toutes les
fatigues et de tous les dangers. L'empereur Vespasien,
quoiqu'il se trouvât retenu au lit par la maladie dont
il mourut, ne laissait pourtant pas de vouloir connaitre l'état de la république, et ne cessait même de
dépêcher les affaires dont l'expédition lui paraissait
la plus urgente. Son médecin l'en ayant blâmé comme
d'une chose préjudiciable au retour de sa santé : « Il
faut, lui répondit Vespasien, qu'un empereur meure
debout. » Voilà un mot vraiment digne d'un grand
prince, un mot qu'on devrait souvent rappeler aux
rois, pour leur faire sentir que la charge qu'ils ont
reçue de commander à tant d'autres hommes, ne
saurait être une charge vaine et oisive. En effet, il
n'y a rien qui puisse, avec plus de raison, dégoûter
un sujet de se mettre en peine et en hasard pour le

service de son prince, que de le voir prostituer sa vie à des occupations lâches et stériles, et ne prendre nul souci de la fortune de ceux-là mêmes qui exposent leur existence pour l'intérêt de sa conservation.

C'est, de la part d'un souverain, la preuve d'une sagesse et d'une habileté peu communes, que de savoir, à l'exemple de l'empereur Charles–Quint, résigner, en temps utile, à des mains plus capables, un sceptre dont le fardeau commence à devenir trop pesant pour les siennes; car, telle est la pesanteur d'un sceptre, qu'il menace d'accabler et de déshonorer celui qui le porte, du moment où le génie et la gloire viennent à cesser d'en maintenir l'équilibre.

Il est, en mainte occasion, bien pénible et bien hasardeux de dépendre d'un autre. Nous sommes déjà, la plupart du temps, si peu assurés de nous-mêmes.

— A parler sans feinte, c'est assez souvent un extrême malheur que celui d'être dans la sujétion d'un maitre, dont rien ne saurait garantir la bienveillance, puisque cela dépend toujours de sa seule fantaisie, qu'il se montre ou bon ou méchant. Mais, avoir à la fois plusieurs maitres, c'est autant que d'avoir autant de fois à être extrêmement malheureux. *Est. de la B^{ie}*.

–

C'est un fait assurément bien incompréhensible,
que le prestige qui s'attache à la souveraineté personnelle et absolue : pouvoir toutes choses contre
tous, par l'étrange raison qu'on est UN SEUL! Éton-
nante fiction, mais, il le faut avouer, concession
plus surprenante encore, qu'un seul, et souvent le
plus nul et le plus méprisable de tous, acquière,
parce que tous y consentent, le merveilleux privilège de valoir autant et même plus que tous ! *Est. de
la Bie*.

–

Il y a, — pour ne parler que des mauvais princes,
— trois sortes de tyrans : les premiers tiennent la
puissance de l'élection du peuple; les seconds l'acquièrent par la force des armes; les derniers la reçoivent en succession de leurs ancêtres. Ainsi, les
moyens sont divers de parvenir au trône, mais la manière de régner est pour ainsi dire la même : les
rois élus traitent les peuples comme des taureaux
sauvages qu'ils auraient pris pour les dompter; les
rois conquérants disposent des nations comme d'une
proie dont ils se sont rendus maîtres; les rois par
droit de naissance en usent avec leurs sujets, comme
ils agiraient avec des esclaves naturels. Il existe donc
entre ces trois espèces de tyrans quelque différence;
mais, pour le choix, on n'en voit point. *Est. de
la Bie*.

— Il entre dans le caractère du menu peuple d'être soupçonneux envers les souverains qui, l'aimant pour lui-même, se montrent aussi ménagers de ses intérêts que de sa gloire, et de garder sa confiance pour ceux qui, cherchant à l'abuser afin de le mieux asservir, l'éblouissent par le faux éclat des jeux, des spectacles, et des fêtes de toutes sortes qu'ils lui prodiguent à ses dépens. Heureux toutefois si ces trompeuses magnificences, dont les tyrans lui font acheter l'ivresse au prix de ses sueurs, il ne lui arrive un jour de les payer au centuple, par l'abandon de ses biens à leur avarice, de ses enfants à leur débauche, de son sang même à leur cruauté! Mais quoi, c'est ainsi que la tourbe populaire a toujours été faite, rien ne l'avise ni ne l'émeut qu'au rebours du droit sens et de la saine raison : aujourd'hui, toute de feu pour des plaisirs que le seul respect d'elle-même devrait lui faire envisager comme une honte; demain, au contraire, toute de glace pour le tort et pour la douleur que la nature et la conscience lui commanderaient de ne point souffrir. *Est   de la* B^{ie}.

— Il y a peu d'exemples, dans l'histoire des temps anciens, que la fortune ait manqué de servir le courage de ceux qui, ayant formé le dessein de délivrer leur pays du joug de la tyrannie, ont su marcher résolument au but qu'ils se proposaient d'atteindre. La liberté, par cette raison qu'elle est sainte et juste, a toujours droit de compter sur elle-même : qu'elle

s'éveille seulement, et c'est fait de la servitude! *Est.*
*de la B*ie.

— Ce n'est point l'appareil militaire dont s'entoure
un tyran, ce ne sont ni les bandes de gens de pied,
ni les compagnies d'hommes à cheval, qui protègent
ses jours, et suffisent à les défendre contre le courage
de quiconque a résolu d'arriver jusqu'à lui, pour
frapper au cœur la tyrannie. On le croira difficilement de prime abord, mais il n'y a jamais que cinq
ou six individus qui maintiennent et le tyran sur le
trône, et le pays sous sa dépendance. Ambitieux
éhontés de tous les temps, c'est peu que, pour conserver l'oreille du maitre, et pour soutenir leur as-
sociation, ils servent et partagent ses débauches et
ses cruautés, s'ils ne le dressent à se rendre lui-
même complice de leurs propres forfaits. Ces six individus en ont sous leur main six cents autres, qu'ils
gouvernent et qui les exploitent, ainsi qu'il se pratique entre les six et le tyran. Enfin, non pas des
milliers seulement, mais des millions de satellites
groupent autour des six cents, tenant tous au tyran
par la même chaine, prostituant leur honneur et leur
conscience par l'appât des faveurs et de la fortune,
violant les lois au mépris des châtiments, et faisant
à l'envi tant de mal, qu'ils ne pourraient, eux, le
tyran, ses séides et leurs intimes sicaires, durer longtemps de la sorte, que sous le patronage et par l'in-
termédiaire les uns des autres. Les choses vont d'une

elle façon sous le règne d'un tyran, par les dépré-
dations sans nombre qu'il autorise et qu'il encourage,
qu'on peut compter autant de gens pour qui la tyrannie est profitable, qu'il y en a pour qui la liberté
est souhaitable. Insensés! quelle pitié n'est-ce pas
qu'ils achètent, au prix de leur asservissement, le
droit de plonger le peuple dans les misères de la servitude? car, pour le peu de moments qu'ils descen-
dissent en eux-mêmes, ils verraient que ces hommes
qu'ils foulent aux pieds, et dont ils font quelque
chose de pire que des forçats ou des esclaves, sont
pourtant plus heureux et surtout plus libres que ceux
qui les oppriment. En effet, quelque asservis que
soient le laboureur et l'artisan, qu'ils fassent ce
qu'on leur commande, et les en voilà quittes; mais,
pour mériter les bonnes grâces d'un tyran, il ne
suffit pas qu'on lui obéisse, il faut encore qu'on s'é-
tudie à lui complaire, qu'on se prête à ses goûts,
qu'on prévienne ses caprices, qu'on devine ses moindres pensées, et que, vivant pour ainsi dire de sa
vie, on se revête en quelque sorte de sa nature. Est-
ce là le bonheur que les serviles ambitionnent? Ad-
mettons qu'ils jouissent sans remords de leur crédit
et de leurs richesses; ne leur viendra-t-il jamais
dans l'esprit combien d'autres, qui s'étaient élevés comme eux auprès des tyrans, ont fini par y
laisser leur fortune et leur vie? Mais, qu'ils échap-
pent aux mains d'un maître soupçonneux et incons-
tant, pour qui la puissance même qu'on lui doit, ne

tarde souvent pas à devenir un sujet de crainte et
de jalousie, et qu'après s'être enrichis, à l'ombre de
sa faveur, des dépouilles d'autrui, ils ne soient pas
destinés à enrichir autrui de leurs dépouilles, combien de sanglantes invectives assailliront de toute
part leur existence, en attendant l'heure suprême où
la voix des temps flétrira pour jamais leur mémoire!
Il ne faut donc pas s'y méprendre, ce n'est guère le
tyran, dont l'autorité moins que le nom règne sur eux,
que les peuples accusent de tous les maux qu'ils ont à
souffrir, ce sont bien plutôt les tyrans de fait qui
gouvernent à la fois ces peuples et le tyran lui-même.
La peste, la guerre, la famine, tous les fléaux et tous
les désastres, il n'est personne dans l'État qui ne les
leur impute et ne les leur reproche ; et s'il arrive
parfois qu'on leur fasse en apparence quelque honneur, on ne laisse pas de les maudire au fond de l'âme,
et de les avoir plus en horreur que les bêtes féroces.
La haine et l'exécration du genre humain, voilà donc
la gloire qu'ils recueillent en ce monde et qu'ils em-
portent au-delà du trépas : le tombeau est, pour ces
oppresseurs des peuples, comme un lieu de gémo-
nies, où non seulement les victimes de leurs odieuses
machinations, mais les descendants mêmes de ces victimes, viendront, jusqu'à la dernière postérité, re-
muer sans pitié les cendres de ces grands coupables,
et faire expier ainsi, après la mort, aux vrais artisans
de la ruine publique, les crimes dont ils s'étaient impunément souillés durant leur vie. *Est. de la B*ie.

# CHAPITRE XV.

## DE LA LIBERTÉ.

Il y a deux sortes de liberté : l'une, qui, relevant des seules facultés de l'âme, nous donne, en sa plénitude, non seulement le courage de souffrir, mais la puissance même de vouloir, comme si cela résultait de notre choix, ce qu'il ne nous appartient ni de choisir, ni d'éviter ; l'autre, qui, subissant la funeste loi d'un nombre infini de circonstances extérieures, dont l'effet ne va souvent à rien moins qu'à l'anéantir, nous autorise, en son intégrité, à faire toutes choses quelconques, en tant qu'elles se conforment aux principes rigoureux de la raison et de la justice. De ces deux espèces de liberté, la première est sans doute la plus désirable, et peut s'appeler à bon titre la vraie liberté, en ce que nul que ce soit n'a le pouvoir de nous la ravir, et que c'est d'ailleurs, comme le dit Sénèque, être bien puissant, que de se maintenir en sa propre puissance ; la seconde est pourtant la plus chère au commun des hommes, parce qu'elle est un droit de nature, qu'ils n'abdiquent jamais que forcés qu'ils y sont par l'abus monstrueux de la domina-

27

tion d'autrui dégénérée en tyrannie, un droit dont
personne au monde ne saurait les déposséder sans
transgresser à la fois toutes les lois divines et humaines. Celle-là, qui tient essentiellement à nous-
mêmes, et n'est soumise aux vicissitudes ni des lieux
ni des temps, nous suit partout où le destin nous appelle, et nous fait libres jusque dans les fers. Mais,
celle-ci, que la nature n'avait subordonnée qu'à la
distinction du possible et de l'impossible dans l'ordre
des choses physiques, et à l'appréciation du juste et
de l'injuste dans le cercle des choses morales, est,
aux yeux de tous les gens de cœur, un privilège si
saint et si imprescriptible, qu'il leur semble conférer
à tous les hommes le devoir de briser leurs entraves, du moment où ils ne se sentent plus ni la force
ni la patience de les supporter.

— Tous les animaux, si nous ne faisons trop les
sourds, nous crient : « *Vive la liberté!* » Par quel
étrange aveuglement, lorsque, de toutes les espèces
de la création, l'espèce humaine était, à vrai dire,
la seule qui fût née pour vivre affranchie des entraves
de la servitude, l'homme a-t-il pu dégénérer et s'a-
bâtardir à ce point, ou de perdre jusqu'au souvenir
de sa dignité primitive, ou d'étouffer lâchement en
lui tout désir et tout espoir de recouvrer, à quelque
prix même que ce dût être, le noble et puissant
avantage de cette condition exceptionnelle, que sans
doute il appellerait avec raison de tous ses vœux, s'il

ne l'eût reçue des mains de Dieu même, comme un
bénéfice de nature? *Est. de la B^{le}.*

— Si nous vivions selon les droits que nous tenons
de la nature, et conformément aux leçons qu'elle
nous donne, nous aurions à cœur d'obéir à nos parents, de suivre les lois de la raison, mais de n'être
esclaves de personne. L'obéissance : nous l'observons
envers les auteurs de nos jours comme un instinct
que nous trouvons en nous, et que nous aimons à
suivre non moins pour nous peut-être que pour eux-
mêmes. La raison : qu'elle naisse ou non avec nous,
encore est-il qu'elle semble provenir de quelque semence que la nature a déposée en notre âme, et qui,
fécondée par l'éducation et entretenue par l'habitude,
germe, grandit, et fructifie en vertu, à moins qu'é-
touffée par le vice qui survient quelquefois et lui fait
obstacle, elle ne languisse dès-lors et n'avorte. Mais,
l'esclavage ! La nature ne nous a-t-elle pas tous jetés
dans le même moule et tous formés sur le même modèle, afin que nous puissions nous mirer en quelque
sorte et nous reconnaître tous les uns dans les autres?
Ne nous a-t-elle pas donné à tous toute la terre pour
demeure, comme une bonne mère qui ne veut ni établir de distinction, ni exciter de jalousie entre ses enfants qui sont tous frères? Que si, néanmoins, dans
la distribution de ses biens, il lui a convenu de pourvoir plus largement les uns que les autres des avantages du corps et de l'esprit, est-ce à dire qu'elle ait

prétendu en faire comme des armes remises aux mains
des plus forts, pour qu'ils eussent la volonté même
de s'en servir au préjudice des plus faibles? Ah!
croyons bien plutôt qu'elle n'en a usé ainsi que dans le
dessein de resserrer les nœuds de l'amour fraternel, en
obligeant les forts à prêter leur appui aux faibles, et les
faibles à recevoir l'assistance des forts. Il ne faut donc
point douter que la nature ne nous ait tous faits libres,
puisqu'elle nous a tous faits compagnons; car, il est
peu vraisemblable qu'elle nous ait d'abord tous mis
en compagnie, et qu'elle ait ensuite consenti que nul
d'entre nous pût être un jour réduit en servitude. *Est.
de la B^{ie}*.

— L'amour de la liberté n'échauffe pas en partie
notre âme, et ne soutient pas à demi notre bras. Mettez aux prises deux armées également formidables et
par le nombre et par la discipline, et faites-les combattre, l'une pour défendre sa liberté, l'autre pour la
lui ravir : de quel côté penserez-vous que doive se
montrer le plus de confiance et à la fois se déployer le
plus de courage; de quel côté vos vœux aussi-bien
que vos conjectures feront-ils nécessairement incliner
la victoire, sinon de celui-là même où pas un coup ne
se donne, qu'il ne soit porté à la servitude? *Est. de
la B^{ie}*.

— Les hommes se montrent unanimes pour envier
les choses qui peuvent assurer leur bien-être, une

toutefois exceptée; à savoir, la liberté! Ce bien si grand, si précieux, si désirable, que, pour quiconque en est privé, tous les autres biens perdent leur goût et leur saveur, ils l'abandonnent lâchement à la discrétion d'un seul homme, et souffrent qu'il l'exploite au profit de ses plus mauvaises passions, et au préjudice de leurs intérêts les plus sacrés. Peuples idolâtres! ne semblerait-il pas qu'ils ne tiennent si peu de compte de leur franchise, le plus noble des droits, comme le plus utile des bienfaits qu'ils aient reçus de la nature, que parce qu'il leur suffirait de se dire « Nous voulons, » pour la reconquérir? Que leur en coûterait-il, en effet, pour se soustraire aux insolentes avanies d'un tyran? Il ne s'agit pour vous, peuples, songez-y bien, que d'être une bonne fois résolus à ne plus servir, et tout aussitôt vous voilà libres! car, il n'est pas besoin que vous le poussiez ni que vous l'ébranliez; mais, seulement, ne le soutenez plus, et vous le verrez, croulant sous son propre poids, comme un colosse d'argile auquel on a dérobé sa base, fondre en bas tout à coup, et se rompre! *Est. de la B^{ie}.*

FIN DE LA TROISIÈME PARTIE.

La vie n'est de soi-même ni un bien ni un mal ; c'est la place du bien ou du mal, tant à raison de l'aspect gai ou triste sous lequel chacun là peut voir, qu'à raison de l'usage bon ou mauvais que chacun en peut faire.

C'est une chose peu robuste que la vie : le moindre heurt l'agite, et tout ce qui l'agite la trouble ; le moindre fardeau lui pèse, et tout ce qui lui pèse l'accable.

L'homme, s'il se prenait à vouloir être sage, et qu'il s'avisât d'apprécier les choses pour ce qu'elles valent, ne les estimerait que suivant l'utilité qu'elles peuvent lui offrir dans les vrais besoins de la vie.

Il n'y a rien de si parfait ici-bas, dont l'abus ne
doive infailliblement tourner à notre préjudice. Les
biens les plus naturels et les plus légitimes de ce
monde, peuvent en devenir, par un usage immodéré,
les maux les plus cuisants et les plus funestes. Il nous
faut donc, pour le plus sûr, effleurer, mais non pénétrer à fond les jouissances de la vie. Toute volupté
est décevante en sa profondeur : quiconque s'y hasarde, tenez pour certain qu'il s'abîme.

*Passe-temps* et *passer le temps :* expressions impro-
pres pour tout autre que pour celui-là seulement qui
méconnaît le prix de l'existence. En effet, l'homme
qui prise la vie par tous les avantages qu'elle permet
à la raison de trouver en ce monde, loin qu'il se montre pour le moins désireux, pour le moins impatient
de la passer, s'y établit soigneusement au contraire,
et se complaît en tout ce qu'elle lui offre de pures et
nobles jouissances, comme le sage vient s'asseoir à
quelque grand banquet, et prend plaisir à en partager
avec modération, mais jusqu'au bout, les somptueuses
délicatesses. Ce n'est pas que nous ne devions nous
préparer à perdre la vie sans regret, non, encore une
fois, parce qu'elle est importune, mais parce qu'il
n'entre pas dans sa condition d'être éternelle : or, il

ne sied vraiment bien de ne pas craindre de mourir
qu'à celui qui ne s'ennuie pas de vivre.

On ne doit rien tant recommander à la jeunesse
que l'activité et la vigilance : nous ne vivons, à bien
dire, que par le mouvement. Le corps et l'esprit s'al-
languissent à demeurer dans l'inaction : vivre d'une
vie inerte et stérile, c'est anticiper la mort.

— Le travail endurcit à la peine, retrempe les facultés de l'âme et du corps, et décuple les saveurs prudemment ménagées de la vie.

— Il ne suffit pas de ne rien faire, pour ne pas mal
faire : nous devons à la société compte d'une partie
de notre existence; l'oisiveté, qui nous rend inutiles
au monde et à nous-mêmes, est un vice dont nous
ne sommes pas moins justiciables devant Dieu que
devant les hommes.

— Le sage tient pour perdue toute heure de sa vie
qu'il ne peut employer à quoi que ce soit d'utile ou
d'honorable : l'empereur Julien disait qu'un galant
homme ne devrait pas même respirer.

— Il en est d'un esprit oisif comme d'une terre in-
culte : celle-ci, pour grasse et pour fertile qu'en soit
la nature, ne peut produire, faute d'être labourée et
ensemencée, que des récoltes d'herbes sauvages et

inutiles; celui-là, pour étendue et pour exceptionnelle même qu'en soit la vigueur et la puissance, ne
saurait enfanter, s'il n'est soumis à aucun principe
certain, ni appliqué à aucun intérêt sérieux, que de
folles et stériles rêveries. L'âme qui s'aventure sans
règle et sans but dans les sentiers obscurs et sinueux
de la vie, il peut lui arriver qu'elle coure tout d'abord
à sa perte; car, c'est n'être, dit-on, en aucun lieu,
que d'être partout; et il serait aussi vrai de dire
qu'être partout, ce n'est rien moins que d'être au milieu de toutes sortes d'écueils et de dangers.


C'est se montrer, non pas l'ami, et moins encore le
maître, mais bien l'esclave et l'ennemi de soi-même;
c'est, non pas vivre mais tout au plus exister, que
de s'enchaîner pour toujours à un seul et même
train de vie, et de ne pouvoir au besoin se déprendre
de ses habitudes. La vie est un mouvement sans règle
et sans repos, de toute forme comme de toute nature;
d'où il suit que les plus fortes âmes sont celles qui,
ayant le plus de flexibilité, savent le mieux se plier à
la perpétuelle inconstance des choses humaines.


Rien n'est plus propre à exercer l'esprit, à fortifier
le corps, et, en un mot, à façonner de tout point la
vie, que les voyages.

— Les voyages ne profitent à la santé du corps et de l'esprit, qu'autant qu'ils n'ont de but que l'exercice et le plaisir; mais, pour peu que l'intérêt y préside, toute excursion devient un métier, et, partant, une des peines de la vie.

— L'homme n'est point né pour vivre entièrement isolé de ses semblables. C'est surtout en voyage que se fait sentir la nécessité d'avoir, pour compagnon de fortune, quelque ami d'un jugement solide et de mœurs irréprochables, qui se plaise à nous suivre, à qui nous puissions communiquer nos plus intimes pensées, dont la présence, enfin, nous aide à supporter l'inconvénient des rencontres fortuites, où il nous arrive parfois de souffrir à cause d'autrui, si ce n'est d'ailleurs autrui qui souffre à cause de nous. De ces deux extrémités, qui nous pèsent l'une aussi-bien que l'autre, la dernière est la plus rude peut-être, à moins que nous n'ayons là ce second nous-même, pour en partager le fardeau. Mais, que devenir, bon Dieu! quand le hasard nous fait tomber, dépourvus d'assistance, au milieu de personnes ineptes? mieux vaudrait, en quelque sorte, vivre toujours seul, que d'être exposé à se trouver jamais tête à tête avec des sots!

Les hommes d'aujourd'hui semblent croire que ceux d'autrefois avaient et la stature plus haute et la

vie plus longue que la nôtre ; mais, ils se trompent sur
cela, comme sur tant d'autres choses. Solon, qui était
de ces vieux siècles, taille l'extrême durée de la vie à
soixante-dix ans.

— Caton le jeune estimait qu'en se donnant la mort
à l'âge de quarante-huit ans, il avait poussé la vie
bien au-delà du terme assigné à la majeure partie du
genre humain.

Il est rare que nos vertus naturelles n'aient pas
donné à vingt ans leurs plus belles espérances,
et qu'elles ne produisent pas avant trente ans leurs
plus nobles effets.

Il n'est donné qu'à la science et à la sagesse de
croître sans cesse avec la vie, et lors même que nos
qualités naturelles, c'est-à-dire celles qui sont véri-
tablement les nôtres, ne tendent plus qu'à s'affaiblir
et à s'altérer.

---

# CHAPITRE II.

### DE LA JEUNESSE ET DE LA VIEILLESSE.

Le règne de l'homme est placé entre l'enfance et la décrépitude : prise en-deçà et au-delà de ce terme, la vie est à peine une espérance ou moins qu'un souvenir.

Si la vie à venir appartient surtout au jeune âge, la vieillesse a du moins cela de consolant, que, ce qu'elle perd chaque jour en espérance, elle le regagne en souvenir.

C'est tantôt le corps, tantôt l'âme, au contraire, par quoi nous commençons de vieillir. Mais, que ce soient nos facultés intellectuelles qui viennent à faiblir les premières, ce mal se fait si obscurément sentir à qui s'en trouve affecté, qu'il est d'autant plus malaisé de le reconnaître, et d'autant plus incertain, sinon de le guérir, tout au moins de le pallier.

Il semble que la vieillesse soit sujette à plus d'imperfections que la jeunesse : dégoût et impuissance; vaine et sotte fierté; humeur chagrine et insociable; ennuyeux babil; ridicule soif des richesses; croyances superstitieuses; envie, injustice et malignité, on dirait que, se couvrant du manteau usurpé de la raison, afin d'imposer au respect d'autrui comme à sa propre vénération tout ce qu'il lui convient de tenir pour sagesse, elle change plutôt ses vices quelle ne les quitte, et attache communément plus de rides en notre esprit que sur notre visage. Aussi, quelle provision d'étude et de science ne devons-nous pas faire, que de soins réservés ne nous faut-il pas prendre, à combien de précautions habiles ne nous importe-t-il pas de recourir, pour éviter les misères dont il peut arriver qu'elle nous charge, ou du moins pour en affaiblir autant qu'il dépendra de nous les rapides et funestes progrès!

L'usage des voluptés honnêtes ne saurait nous être interdit, à aucune époque de la vie, ni par les lois de la saine raison, ni par les règles de la vraie philosophie. Ce serait, à bien dire, une cruelle injustice, que de permettre à la jeunesse d'obéir, sous le seul fait d'une prudente réserve, à la vivacité de ses penchants, et de se livrer, sans autre acquit de conscience, au cours de ses plaisirs naturels, si l'on devait défendre à la vieillesse de compenser la perte de ces précieux avantages, par la recherche modérée des jouissances artificielles.

Le fard et l'apprêt conviennent peu à la jeunesse; mais ils s'accordent moins encore avec la vieillesse : une vieillesse peinte et lissée ferait paraître belle une autre vieillesse naturelle et avouée.

## CHAPITRE III.

### DE LA SOLITUDE.

Il n'y a point d'homme qui n'éprouve fréquemment le besoin de s'isoler de ses semblables. La nature l'a voulu ainsi, pour nous apprendre que si nous devons une partie de notre temps à la société, nous en devons la meilleure partie à nous-mêmes.

— Mieux vaudrait, cela ne fait point de doute, renoncer pour toujours au commerce du monde, que de se condamner, sans une impérieuse nécessité, à vivre

constamment pour les hommes et perpétuellement
parmi les hommes.

— Sur mille hommes, dit l'*Ecclésiastique*, il n'y en
a pas un de bon : la corruption du monde est contagieuse, et nous risquons, à demeurer parmi les hommes, ou d'imiter leurs vices, ou de haïr les vicieux.

— L'ambition, qui ne cherche qu'à éloigner de son
chemin tout ce qui lui porte ombrage, et pour qui
l'honneur et la droiture sont des vertus qui l'épou-
vantent, contribue, par les haines et par les avanies
qu'elle réserve surtout aux gens de bien, à leur donner, avant que la saison en soit venue, le goût du repos et l'amour de la solitude.

Nous devons nous garder de tromper les autres, et
ne pas moins nous abstenir de nous abuser nous-
mêmes : c'est bien plutôt, convenons-en, par zèle
pour notre ambition particulière, que ce n'est en vue
de l'utilité générale, que, consentant à nous arracher
à notre indolence naturelle, et à faire violence à notre
goût inné de l'isolement, nous nous déterminons à
venir prendre une part quelquefois si active aux intérêts mêlés et confus de la presse du monde.

Nous nous flattons communément de vivre chacun

plus ou moins pour nous-mêmes, tandis que, sur bon nombre de démarches journalières que semble nous commander l'ambition, il n'y en a souvent pas une qui nous concerne particulièrement. Nous dissipons toutes nos heures au dehors, pour le service d'autrui que nous connaissons à peine, et dont les succès ne peuvent intéresser tout au plus que notre amour-propre, sans que, de ces heures fugitives, nous songions à nous en réserver aucune, ou pour l'employer au soin même le plus pressant de nos affaires personnelles, ou, moins encore, pour la consacrer aux charmes si doux et si profitables de la solitude et de la méditation.

L'ambition s'accorde mal avec le goût de l'isolement; c'est une passion qui devrait, moins que toute autre encore, franchir le seuil de notre solitude.

— Il n'y a solitude, pour profonde qu'elle puisse être, où nous devions trouver un jour le repos qui nous fuyait dans le monde, si nous n'avons bien résolu de décharger notre âme de toutes les passions extrêmes, dont le joug, tant qu'il s'appesantit sur notre vie, entrave ou dérègle le cours de nos pensées, et nous empêche de nous trouver, sinon tout-à-fait seuls, du moins tout-à-fait libres avec nous-mêmes.

— Ce serait, à vrai dire, pure folie à nous, que d'é-

changer la vie sociale contre la vie hérémitique, si
nous n'apportions, en notre solitude, un désir fervent
de devenir meilleurs, et ne travaillions, une fois déli-
vrés de la corruption contagieuse du monde, à nous
rendre, aux yeux de notre conscience, tels que nous
pourrions souhaiter de paraître aux yeux de tous les
gens de bien.

La vraie solitude est celle que nous offre à souhait
notre âme affranchie de toutes mauvaises passions,
notre âme ramenée constamment et maintenue fermement en elle-même; celle-là, en effet, il nous est
permis d'en jouir, non pas aussi commodément sans
doute, mais aussi facilement du moins, sur une
place publique, nonobstant le tumulte des villes, et
jusque sur les marches d'un trône, en dépit de l'agitation des cours, qu'à part nous, loin des intérêts mili-
tants du monde, et à l'abri des ambitions de toute classe,
des rivalités de toute secte, des turbulences, enfin, de
toute nature, qui ne cessent de troubler l'ordre et de
compromettre le repos des sociétés humaines.

— C'est un des privilèges du sage, que de pouvoir
s'isoler en quelque presse du monde qu'il se trouve.
Né pour la solitude et pour la méditation, que la fortune le jette en un palais, au milieu de cette foule
vertigineuse dont se compose une cour, là encore il
lui sera loisible de se ménager en lui-même un lieu

de retraite et d'isolement : l'âme du sage est comme
un sanctuaire où ne sauraient pénétrer les folles agitations de la multitude, et dans le secret duquel, en
toute sphère que ce soit et à toute heure qu'il lui convienne, licence a-t-il de tenir, sous les auspices de la
raison et de la vérité, ses chastes et fidèles conseillères,
école de philosophie.

— Faisons-nous des biens que nous puissions porter avec nous en quelque lieu que le destin nous appelle. Travaillons d'abord à nous rendre sages, et
nous ne saurions manquer, rien que cela, d'être toujours assez riches. Que la fortune essaie alors de
nous abattre ; qu'elle nous frappe tout à coup dans
nos plus chères affections ; qu'elle nous enlève en un
jour nos femmes, nos enfants, et nos amis ; qu'elle ré-
duise en cendres nos foyers, et nous oblige à fuir,
comme exilés, notre patrie ; qu'elle épuise, en un mot,
contre nous ses traits les mieux acérés : vains efforts !
atteintes chimériques ! Nous contraignit-elle à errer
jour et nuit sur les mers en furie, et à gravir, sous un
ciel dévorant, les rocs les plus escarpés ; nous con-
damnât-elle, enfin, à ne trouver, pour tout refuge et
pour tout repos à notre corps rompu et défaillant,
qu'un sol maudit de la nature et abandonné des hommes, elle ne parviendra même pas à ébranler un seul
moment notre âme, tant qu'elle n'en aura pas arraché
notre bien le plus grand et le plus précieux ; à savoir,
la sagesse ! En effet, la sagesse est un trésor qui suit

partout les âmes vigoureuses, et dont elles n'ont pas
à craindre que le secours leur fasse jamais défaut;
car, il profite aussi-bien de leurs adversités que de
leurs prospérités, et va sans cesse augmentant, soit
par l'avantage des observations que leur fournit, en
toute presse du monde, le spectacle des folies et des
misères humaines, soit par le bénéfice des méditations
auxquelles les invite à se livrer, non seulement la
plus douce et la plus suave retraite, mais encore, y
fussent-elles conduites de gré ou de force, la plus âpre
et la plus sauvage solitude.

Sachons prendre de bonne heure congé de tout ce
qui pourrait nous empêcher d'être entièrement à
nous-mêmes, et gardons-nous, pour quitter le
monde, d'attendre que le monde nous quitte. Te-
nons-nous lieu de tout ici-bas, et n'allons pas chercher hors de nous un ami qui nous soit, au besoin,
complaisant ou sévère, dont la tendresse approuve
hautement tout ce qu'il peut y avoir de bon et de droit
en notre conduite, et la conscience blâme et relève
hardiment toutes celles de nos actions qui lui semble-
raient condamnables, dont la raison, en un mot, prête
à louer le bien comme à régenter le mal, nous impose de telle sorte, que nous n'osions faillir sans honte
en sa présence.

La solitude est surtout un droit de raison pour cer-

ains hommes, qui, ayant consacré leur jeunesse au
bien public, arrivent à un âge où tout les autorise à ne
plus vivre désormais que pour eux-mêmes.

---

# CHAPITRE IV.

### DE LA MORT.

Le déclin prend en nous sa source au départ même
le notre existence ; il va dès-lors, et jusqu'à notre
heure dernière, mêlant et confondant toutes choses en
son cours : la faiblesse avec la force, la décadence
avec le progrès, la mort enfin avec la vie.

— C'est la condition expresse de notre création,
c'est une partie fondamentale et constitutive de nous-
mêmes, que la mort : l'être dont nous jouissons en ce
monde est dévolu à la mort comme à la vie ; et, dès
le jour de notre naissance, nous ne commençons pas
moins de mourir que d'exister. A celui qui venait dire
à Socrate : « Les trente tyrans ont condamné Socrate
à la mort : » « Et nature, les trente tyrans, » se prit
à répondre le sage.

— Bâtir la mort, c'est le continuel ouvrage de cette

vie. Nous sommes en cours de mort tout le temps que
dure notre vie ; car, nous sommes après la mort,
quand nous avons perdu la vie. Ou, s'il vaut mieux
parler ainsi, nous sommes morts après la vie ; mais,
pendant la vie, nous sommes mourants ; et la mort
touche bien plus rudement et bien plus vivement les
mourants que les morts. Si nous avons fait un bon
usage de la vie, nous voilà repus : allons-nous-en satisfaits. Si nous n'avons su en profiter, si elle nous était
inutile, que nous importe de la perdre ? à quelle fin
voudrions-nous la garder ?

— Quel que soit l'âge où notre vie finisse, elle s'y
trouve comprise tout entière. L'utilité de la vie consiste, non pas dans le plus ou dans le moins de jours
qui nous sont dévolus, mais dans le plus ou dans le
moins d'avantages que nous savons en tirer. Tel a vécu
longtemps, qui a peu vécu. Songeons-y bien, pendant
que nous vivons : il dépendra de la volonté que nous en
aurons eue, et non du temps qu'il nous aura été permis de vivre, que nous ayons assez vécu.

— Un homme, pour petit qu'il soit, n'en est pas
moins un homme tout entier ; il en va ainsi de la vie,
qui, pour brève qu'elle puisse être, et pour quelque
usage d'ailleurs que nous en ayons su faire, est toujours et en tout état de cause une vie, sinon parfaitement remplie, tout du moins entièrement accomplie :
ni les hommes ni leurs vies ne se mesurent à l'aune.

La mort est moins que rien, si l'on peut dire qu'il y ait quelque chose de moins que rien.

— Pourquoi crains-tu ton dernier jour : il ne contribue non plus à ta mort que chacun de tes autres jours : le dernier pas ne cause point la lassitude, il la fait se déclarer. Tous nos jours vont à la mort : notre dernier jour y arrive.

— Nous prétendons communément ne rien tant appréhender, en ce qui regarde la mort, que les maux dont elle nous menace ; mais, nous tâchons par là de faire illusion aux autres ou à nous-mêmes, et il n'y a point de maux, qui, si nous voulions parler vrai, ne nous parussent plus que supportables au prix de la seule appréhension de mourir.

— On conçoit la crainte naturelle que nous pouvons avoir de la douleur; mais, pour la mort, qui n'est pas moins nécessaire que la vie à la succession des choses de ce monde, à quelle fin la nature en ferait-elle à nos yeux un objet de haine et d'horreur? La mort n'est qu'un moyen que la nature emploie, non pas, et loin de là, dans le but de polluer et d'anéantir ses ouvrages, mais à l'effet, bien au contraire, de les reproduire et tout ensemble de les multiplier.

— La transition est moins sensible du mal être au
non être, qu'elle ne l'est d'un être sain et florissant à
un être malsain et douloureux. Quelle sottise que de
peiner à franchir le pas au-delà duquel on se trouve
exempt de toute peine! De même que notre naissance nous apporta la naissance de toutes choses, de
même notre mort nous en doit-elle apporter la mort.
Sortons de ce monde comme nous y sommes entrés;
retournons de la vie à la mort, ainsi que nous pas-
sâmes de la mort à la vie, sans passion et sans frayeur.
Notre mort est un des moyens de l'harmonie universelle; c'est un des éléments de l'existence du monde.

— En quelle occasion serons-nous bien venus à
nous enorgueillir de la connaissance des choses de
ce monde, si elle ne sert qu'à nous rendre d'autant
plus lâches au milieu des dangers qui nous y envi-
ronnent de toute part? Le philosophe Pyrrhon, na-
viguant, un jour de grande tourmente, en compagnie
de gens saisis d'effroi, cherchait à les encourager par
la vue d'un pourceau, qui ne lui semblait, disait-il,
en nul souci de la tempête. Or, sans vouloir descendre jusqu'à l'exemple du pourceau de Pyrrhon, qu'on
essaie de dresser l'état des personnes de tout sexe
et de toute condition, qui, dans les siècles les
plus heureux, ont attendu la mort avec constance, ou
l'ont recherchée d'elles-mêmes, non seulement celles-ci à l'effet de se délivrer des maux de la vie présente, mais celles-là encore par le désir de se sous-

traire à l'ennui même de vivre, et d'autres, enfin, dans l'espoir de trouver par-delà cette terre une meilleure condition, on aurait plus tôt fait de mettre en compte celles qui l'ont redoutée, que de s'enquérir du nombre de celles qui l'ont ou accueillie en son temps, ou prévenue avant son heure; d'où l'on se trouverait induit à conclure qu'il n'est pas si aisé de vivre que de mourir. C'est donc mal utiliser cet avantage de la raison qui nous a été donné par le Créateur sur tout le reste de ses créatures, que d'oublier qu'il a fait entrer la mort dans ses desseins, comme une des parties efficientes de l'ordre universel des choses créées ou à créer, et de nous troubler de telle sorte, par la seule appréhension de notre fin prochaine ou éloignée, que, cette intelligence des phénomènes de la nature, dont il nous a dotés en vue de notre plus grand bien, nous la fassions tourner à notre préjudice, et la transformions en un instrument de trouble et de ruine pour le repos de notre existence.

Dieu nous fait grâce, lorsqu'il nous soustrait la vie par le menu : c'est le seul bénéfice de la vieillesse. La dernière mort en sera d'autant moins lente et d'autant moins pénible; elle ne trouvera plus, sous ses étreintes, que la moitié ou que le quart d'un homme.

— Tout ce qui arrive selon le cours ordinaire de la nature, doit être compté pour un bien ; mais, tout ce qui déroge à ses lois générales, ne saurait être envisagé que comme un mal. On peut qualifier de violente, dit Platon, la mort qu'apportent les plaies ou les maladies ; tandis que celle où nous conduit la vieillesse, quand bien même une pareille mort viendrait à nous surprendre, non seulement est de toutes les morts la plus légère, mais ne laisse pas, en outre, d'avoir ses délices. La vie, dit encore Cicéron, est en quelque sorte arrachée de force aux jeunes gens ; et c'est la maturité qui l'ôte aux vieillards.

—Mourir de vieillesse est un privilège que la nature accorde si rarement aux hommes, et notre vie est exposée à tant de sortes de dangers, dont le nombre et l'imminence semblent s'accroître en raison inverse de la progression de nos années, que ce serait faire preuve de sagesse, que de considérer la mort comme un événement d'autant moins naturel, qu'il s'éloigne davantage de l'heure de notre naissance.

Il nous faut être, autant que cela dépend de nous, toujours prêts à partir de ce monde ; mais, gardons-nous surtout, lorsque l'heure en sera venue, d'avoir affaire à d'autres qu'à nous-mêmes : les plus mortes morts sont aussi les morts les plus saines.

—Tel regarde la mort d'un œil calme et la voit venir d'un front serein, tant qu'elle ne lui apparait que comme la fin inévitable de notre vie terrestre et matérielle, qui se trouble aux moindres consolations d'une voix amie, et sent faiblir tout son courage à l'idée de se séparer de ses attachements même les plus frivoles.

— La mort s'appesantit parfois sur nous de tout ce dont elle pèse aux autres, et nous préoccupe de leur intérêt tout autant et plus peut-être que de notre intérêt propre, si leur intérêt d'ailleurs ne nous touche jusque là, que nous le ressentions et nous y absorbions au point de nous oublier entièrement pour eux-mêmes.

— Il résulte pour nous, des secours mêmes que chacun se croit tenu de nous prodiguer à nos derniers moments, tant de douleurs physiques et tout ensemble de souffrances morales, que ce serait bien mieux l'entendre de nous laisser mourir en paix, abandonnés aux soins pieux de quelque sage ami, s'il en est toutefois d'un cœur assez ferme et d'un esprit assez prudent pour suffire à un pareil office, que de torturer l'heure de notre mort d'angoisses les plus cruelles peut-être de la vie.

— La mort n'est point un rôle qui appartienne essentiellement à la grande comédie de ce monde : c'est, tout à l'opposé de la vie, un acte à un seul personnage, qu'il nous devrait être permis de jouer loin des regards du public, lequel ne nous importune pas

moins alors' que nous pouvons l'importuner nous-
mêmes. Vivons et rions de compagnie avec les nôtres,
en quelque lieu et sous quelque jour de la scène commune que le destin nous ait placés ; mais, ce devoir
une fois accompli, soyons libres du moins d'aller
souffrir et mourir en toute retraite qu'il nous plaise,
et assistés de toute personne que bon nous semble.

Ce serait donner la preuve d'un grand sens, et faire
une action bien méritoire, que d'affranchir le foyer
domestique du triste spectacle des maux de notre
vieillesse et des convulsions de notre mort. Loin de
là, pourtant, tout ce qui nous tient ou nous approche,
et nos enfants, et nos parents, et nos amis, nous travaillons à leur endurcir le cœur, par la contrainte
où, durant un temps indéfini, nous réduisons tout ce
monde, ˉde s'occuper sans espoir de nos souffrances. Mais, si nous ne parvenons à fatiguer leur
zèle, et à ralentir leur dévouement ; si nous ne ces-
sons de trouver en leur âme de la pitié pour ces incurables misères, qui ne doivent avoir de terme que
celui de notre existence ; quel injuste abus n'aurons-
nous donc pas fait de leur compassion et de leurs
larmes ? A quel indigne excès d'exigence n'aurons-
nous pas poussé l'égoïsme, ce privilége bâtard que
s'arroge sans plus de droit le vieil âge ? Quel fardeau
pour autrui, quelle honte pour nous-mêmes, qu'une
si longue et si disgracieuse tyrannie ?

Prévoir la mort, tant s'en faut que ce soit la craindre : quiconque mesure le péril, c'est tout le contraire de s'en étonner. Tel homme ne se montre pas moins faible d'esprit que de cœur, si son visage blêmit à la seule pensée de la mort, tandis que tel autre fait preuve à la fois de courage et de sagesse, si, se plaisant à la prévoir, il se tient toujours prêt à l'attendre sans effroi et à la soutenir sans mollesse.

— Le sage, quel que soit le mal qui le presse, n'entre point en querelle avec la santé ; il se plaît au contraire à la voir, forte et robuste chez les autres, entourer son chevet de soins prudents et délicats ; il aime à s'entretenir avec elle des choses vulgaires de ce monde, et souffre volontiers qu'elle cherche, par les pensées de la vie, à le distraire de ce qu'il y a de grave et de solennel, pour la sagesse même, dans les préoccupations de la mort.

A ce dernier acte de notre vie, où nous nous trouvons aux prises avec la mort, ce n'est plus le lieu pour nous de gauchir et de feindre. Il nous faut parler à cette heure un langage clair et précis, et montrer ce qu'il y a de bon et de net au fond de notre âme. Nous devons donc remettre à ce moment l'essai du fruit de nos études : nous verrons bien alors si nos

discours nous partaient de la bouche ou du cœur. On
demandait à Épaminondas lequel des trois il estimait
le plus, ou Chabrias, ou Iphicrates, ou lui-même :
« Il faut nous voir mourir, dit-il, avant de le pouvoir résoudre. » En effet, on déroberait à ce héros
une des plus belles pages de sa vie, quiconque s'a-
viserait d'y retrancher l'honneur et la grandeur de
sa mort.

— Faibles ou forts, lâches ou courageux, il ne
nous arrive point de mourir, pour l'ordinaire, d'une
autre façon que de celle-là même dont nous avons
vécu. Le calme que nous faisons paraître à nos derniers moments, ne peut donc passer pour constance,
qu'autant qu'il a été précédé d'une vie ferme et réso-
lue ; mais, s'il termine une vie molle et inerte, ce ne
doit plus être que mollesse et inertie.

— La meilleure preuve de constance que nous puissions donner aux approches de la mort, c'est de la
voir venir avec la même sécurité d'esprit et de visage
qu'on remarquerait en nous, si nous attendions
quelque hôte ami, dont la visite ne nous dût mettre
dans l'obligation de rien changer aux habitudes de
notre vie.

— La mort, que les uns appellent « la plus horrible des choses horribles, » d'autres la désirent et
l'attendent comme le souverain bien de la nature.

Quoi qu'il en soit, et sans parler des secours victorieux de la raison en pareille matière, il suffit quelquefois, pour supporter la mort avec quelque apparence de résignation, ou d'une certaine simplicité
d'esprit qui semble n'y pas croire, ou d'une certaine
opiniâtreté de caractère qui affecte de s'en jouer.

— Il n'y a, mettant à part et ceux-là qu'ont éprou-
vés de longues souffrances, et ceux-là surtout qui se
sont fortifiés dans la pratique des hautes vertus, que
bien peu d'hommes capables de soutenir avec quelque résignation, et encore moins avec une sorte de
volupté, les étreintes d'une mort certaine, soit qu'elle
leur arrive naturellement, soit qu'ils l'aient volontairement provoquée. Si l'on en voit pourtant un assez bon nombre se piquer de sang froid et faire montre
de courage aux approches du trépas, c'est qu'une espérance confuse et trompeuse, masquant pour eux
le danger que court leur existence, les rattache jusqu'au dernier moment à la vie; c'est que cette espérance leur assure même un certain renom de stoïcisme, dont ils se flattent de jouir en ce monde,
pendant l'heureuse suite de jours qu'elle leur semble
promettre d'ajouter à leurs destinées.

— Le vrai calme et la constante fermeté ne se rencontrent que là où s'est implantée la vertu. L'âme
qu'elle habite, la vertu l'emplit sans mesure et sans
terme de courage et de béatitude. Or, un des princi-

paux bienfaits dont nous soyons redevables à la vertu,
c'est le mépris éclairé qu'elle nous donne de la mort,
et le goût pur et sans mélange que, par cette abnégation bien entendue de nous-mêmes, elle nous fait
trouver à l'existence. En effet, le sage mépris de la
mort fournit notre vie d'une molle tranquillité ; mais,
qui l'appréhende au contraire, toute joie pour lui
est éteinte, toute volupté est empoisonnée. Le but
de notre carrière, c'est la mort ; elle est l'objet nécessaire, la conséquence inévitable de tous nos desseins et de toutes nos démarches : si elle nous effraie,
comment est-il possible que nous allions un pas en
avant sans fièvre ? Quiconque donc enseignerait aux
hommes à mourir, leur enseignerait par cela même
à vivre. L'attente et le mépris de la mort est la conquête et la possession de la liberté : apprenons à
mourir, nous aurons appris à ne plus servir ; savoir
mourir nous affranchit de toute sorte de joug et de
peine, car il ne saurait y avoir rien de mal dans la
vie, pour celui qui a bien compris que la perte même
de la vie n'est pas un mal.

— La religion chrétienne n'eut pas de moyen plus
puissant pour combattre l'erreur, et pour établir la
vérité, que le mépris de la vie terrestre que dévelop-
pèrent dans l'âme des premiers croyants les préceptes de la foi divine. En effet, les doctrines de notre
foi céleste ne s'accordent sur rien mieux que sur ce
point avec les enseignements de la raison naturelle ; .

car, pourquoi craindrions-nous de perdre une chose,
qui, lorsqu'elle est perdue, pour nous, ne saurait
être par nous regrettée? et, puisque nous sommes
menacés de tant de sortes de mort, combien ne nous
doit-il pas être plus onéreux de les craindre toutes,
que de prévoir une seule mort, soit pour l'attendre
ou pour la soutenir? Peu nous importe, après tout,
de savoir quand et comment elle viendra, pourvu que
nous ne laissions pas de nous souvenir qu'elle est
inévitable. Mais, écoutons Montaigne, ce prétendu
Pyrrhonien, qui n'a jamais douté pourtant de Dieu et
de ses œuvres, non plus que de la vertu et de ses
mérites; écoutons-le parler de sa confiance dans la
pratique des devoirs chrétiens, et pénétrons-nous
bien de ce qu'il nous est permis d'attendre des secours
de la foi, pour nous fortifier contre la crainte de la
mort, alors que nous voyons ce profond et hardi penseur les mettre, à tout danger de la vie, si fort au-
dessus des ressources de la nature et des lumières de
la science : « Il ne me faut, dit-il, dans l'éloquente
« naïveté de son merveilleux idiome, il ne me faut
« rien d'extraordinaire, quand ie suis malade : ce que
« nature ne peult en moy, ie ne veulx pas qu'un bolus
« le face. Tout au commencement de mes fiebvres ou
« des maladies qui m'atterent, entier encores et voi-
« sin de la santé, ie me reconcilie à Dieu par les
« derniers offices chrestiens, et m'en treuve plus libre
« et deschargé, me semblant en avoir d'autant meil-
« leure raison de la maladie.... « Ajoutons ce seul

« mot : «ou de la mort, » lequel mot nous semble
devoir être ici le complément indispensable des nobles et touchants aveux de l'auteur des *Essais*, et
demandons-nous, en arrivant au terme de nos *Études*
sur la philosophie de Montaigne, qui peut nous
tenir un pareil langage : un philosophe sceptique
ou un moraliste chrétien ?

FIN DE LA QUATRIÈME ET DERNIÈRE PARTIE.

# TABLE DES MATIÈRES.

## Deuxième partie.

FIN DE LA TABLE DES MATIÈRES.

# ERRATA.

| age | 69, | *ligne* 1, | des gens de bien, | *lisez* de gens de bien. |
|---|---|---|---|---|
| | 160, | 2, | eux eux-mêmes, | eux-mêmes. |
| | 171, | 16, | Entydème, | Eutydème. |
| | 227, | 1, | pihlosophe, | PhilosoPhe. |
| | 268, | 26, | leurs dées, | leurs idées, |
| | 279, | 28, | d'une forme ou d'un, | d'une forme et d'un. |

Lightning Source UK Ltd.
Milton Keynes UK
UKHW011610160119
335572UK00012B/1244/P